글 양화당

햇살 좋은 사무실에서 어린이책을 기획하고 집필하는 일을 하고 있습니다.
어린이들이 재미있게 읽으면서도 마음의 양식으로 삼을 수 있는 따뜻하고
영양가 있는 책을 많이 쓰고 만드는 게 꿈이랍니다. 쓴 책으로는
〈K탐정의 척척척 대한민국〉시리즈와『신비아파트 공부 귀신 1. 발명품이 사라졌다!』,
『신비아파트 학교 귀신 1. 학교생활을 도와줘!』등이 있습니다.

그림 김지하

반려견과 함께 식물을 가꾸며 살고 있는 일러스트레이터입니다. 일상의 소소한 이야기와
상상을 모아 두었다 그림으로 표현할 때가 가장 즐겁습니다. 다양한 매체에 그림을 그리고,
개인 창작 활동을 해 나가고 있습니다. 그린 책으로는『새로운 것들이 온다』,
『남극과 북극에도 식물이 있을까?』,『에너지는 왜 중요할까?』,『우리가 교문을 바꿨어요!』,
『슬기로운 소비 생활』,『10대에 작가가 되고 싶은 나, 어떻게 할까?』등이 있습니다.

감수 이정모

연세대학교와 같은 학교 대학원에서 생화학을 공부하고, 독일 본대학교에서
유기화학을 연구했습니다. 서대문자연사박물관장, 서울시립과학관장,
국립과천과학관장 등으로 일했고 저술과 강연 활동을 하고 있습니다.
어린이를 위한 책으로『우리는 물이야』,『나는야 초능력자 미생물』,
『과학자와 떠나는 마다가스카르 여행』등을 썼습니다.

새콤달콤 열 단어 과학 캔디_3 물리

초판 1쇄 발행 2024년 9월 9일 | 초판 2쇄 발행 2024년 12월 9일
글 양화당 | 그림 김지하 | 감수 이정모

발행인 이봉주 | 편집장 안경숙 | 편집관리 윤정원 | 편집 송미영 | 디자인 문성일
마케팅 정지운, 박현아, 원숙영, 김지윤, 황지영 | 제작 신홍섭
펴낸곳 (주)웅진씽크빅 | 주소 경기도 파주시 회동길 20 (우)10881
문의 전화 031)956-7440(편집), 031)956-7069, 7569, 7570(마케팅)
홈페이지 www.wjjunior.co.kr | 블로그 blog.naver.com/wj_junior | 페이스북 facebook.com/wjbook
트위터 @new_wjjr | 인스타그램 @woongjin_junior
출판신고 1980년 3월 29일 제406-2007-00046호 | 제조국 대한민국 | 사용 연령 7세 이상

글 ⓒ 양화당, 2024 | 그림 ⓒ 김지하, 2024
저작권자와 맺은 특약에 따라 검인을 생략합니다.

ISBN 978-89-01-28720-1 · 978-89-01-27599-4(세트)
*잘못 만들어진 책은 바꾸어드립니다.

웅진주니어는 (주)웅진씽크빅의 유아·아동·청소년 도서 브랜드입니다. 저작권법에 의해 한국 내에서 보호를 받는 저작물이므로 무단 전재와
무단 복제를 금지하며, 이 책 내용의 전부 또는 일부를 이용하려면 반드시 저작권사와 (주)웅진씽크빅의 서면 동의를 받아야 합니다.

⚠ 주의
1. 책 모서리가 날카로워 다칠 수 있으니 사람을 향해 던지거나 떨어뜨리지 마십시오. 2. 보관 시 직사광선이나 습기 찬 곳은 피해 주십시오.

양화당 글 | 김지하 그림

웅진주니어

롤리폴리별은 캔디의 천국이야. 캔디만 먹으면 뭐든 할 수 있지.

프롤로그

시원하게 더위를 날려 주는 맛

기억력이 2배로 좋아지는 맛

얼굴이 아름다워지는 맛

오늘은 캔디 가게에 새 캔디가 들어왔어.

열 단어를 찾아서 GO, GO!

힘

밀당	11
중력	15
무게	19
탄성력	23
훼방꾼	27
고집쟁이	31
속력	35
구심력	39
지레	43
에너지	47

빛과 소리

햇빛	57
그림자	61
프리즘	65
팅기기 대장	69
거울	73
꺾기 대장	77
렌즈	81
출렁출렁	85
떨림	89
메아리	93

전기

찌릿찌릿	103
전자	107
전기 메이커	111
전선	115
스위치	119
직렬	123
자석	127
나침반	131
전자석	135
발전소	139

3 운동

세상에는 두 가지 힘이 있어. 미는 힘과 당기는 힘이야.
걸을 때는 발로 땅을 미는 힘을 이용하고,
문을 열 때는 손으로 당기는 힘을 이용하지.
내가 하는 일을 더 알려 줄까?

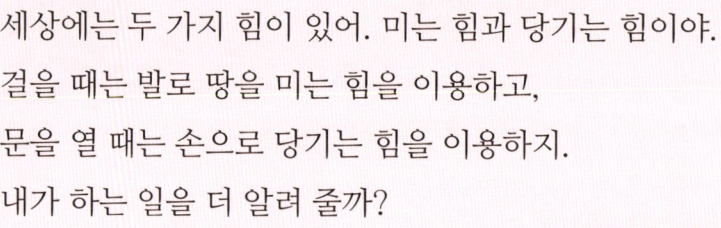

로켓은 엔진이 미는
힘으로 떠올라.

공을 던질 때는
미는 힘이 필요해.

미는 힘

새는 날개로 공기를
밀어서 날아.

달리기할 때 빨리 출발하려면
미는 힘이 세야 해.

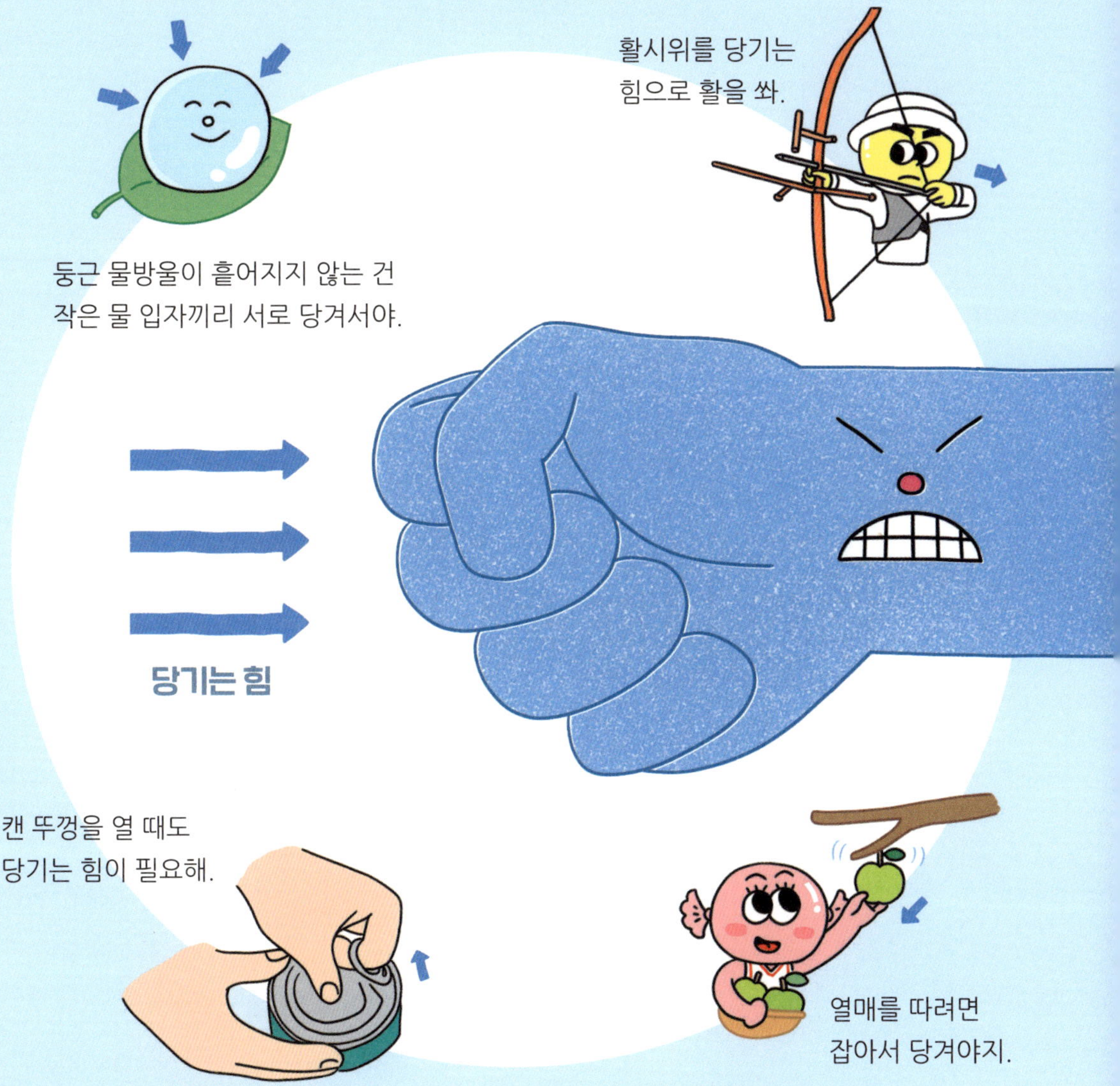

활시위를 당기는 힘으로 활을 쏴.

둥근 물방울이 흩어지지 않는 건 작은 물 입자끼리 서로 당겨서야.

당기는 힘

캔 뚜껑을 열 때도 당기는 힘이 필요해.

열매를 따려면 잡아서 당겨야지.

내가 밀고 당기니까 사람이 움직이고, 열매가 움직이고, 로켓도 움직였지? 이처럼 날 이용해 움직이게 하는 걸 과학에서는 '운동'이라고 해. 세상은 온통 힘과 운동으로 가득 차 있단다.

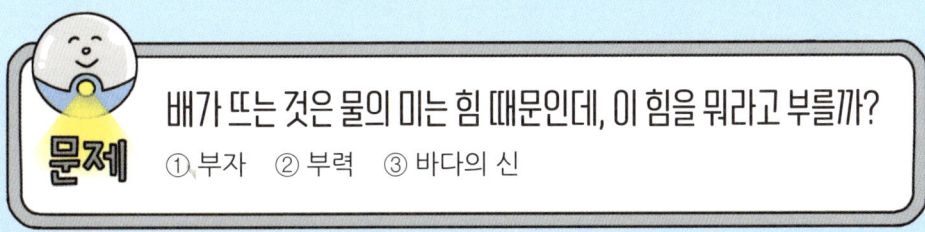

문제 배가 뜨는 것은 물의 미는 힘 때문인데, 이 힘을 뭐라고 부를까?
① 부자 ② 부력 ③ 바다의 신

2 부력

물속에 배가 들어오면, 물은 깜짝 놀라 밀려나.
하지만 곧 자기 자리를 찾으려고 배를 밀어 올리지.
이때 물이 미는 힘이 부력이고, 부력 때문에 배가 떠.

하지만 배가 너무 무거우면 물에 뜨지 못해.
무거울수록 밀어 올리는 데
더 큰 힘이 필요하거든.

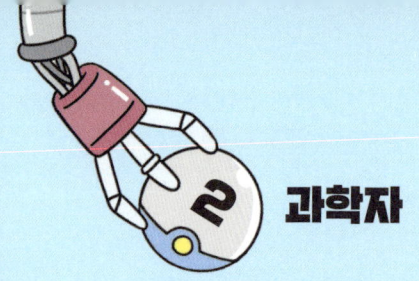 **과학자**

1665년, 영국 런던의 대학교에서 연구하던 아이작 뉴턴은 전염병을 피해 잠시 고향으로 돌아왔어. 그곳에서 우연히 나를 발견했다고들 하지.

나는 지구 어디에 있을까?
나는 지구 중심에서 모두를 당기고 있어.
둥그런 지구 위에 사는 사람들이 떨어지지 않고
안전하게 살 수 있는 건 내 덕분이란 걸 기억하라고!

중력의 방향

지구의 중심

문제 나는 작은 별도 지구로 당길 수 있어. 그 별의 이름은?
① 별똥별 ② 말똥별 ③ 천차만별

1 별똥별

흔히 별똥별이라고 부르는 유성은 원래
혜성 등에서 떨어져 나온 작은 돌덩어리야.
이 돌덩어리가 지구 가까이 다가오면
내 힘에 끌려 들어와 빛을 내며 타 버려.

"이리 와!"

"어, 어, 어!"

"나도 당기고 있다고!"

그런데 이쯤에서 비밀 하나 알려 줄게!
내가 유성을 당길 때, 유성도 나를 당기고 있어.
다만 유성의 힘이 약해서 나만 당기는 걸로 보이지.
이처럼 모든 물체 사이에는 서로 당기는 힘이 있어.
이걸 '만유인력'이라고 해. 사실 나도 만유인력의 하나야.

"힘은 우주 어디에나 있당."

"중력이 얼마나 센지 잴 수 있을까?"

# 지구가 당기는 힘

저울에 올라갔을 때 표시되는 네 몸무게는
지구가 너를 당기는 힘이야.
지구는 무거운 것은 더 세게, 가벼운 것은 더 약하게 당겨.
그래서 무거운 사람은 몸무게가 많이 나가고,
가벼운 사람은 몸무게가 적게 나가지.

나를 재는 단위인 그램(g), 킬로그램(kg)은
원래는 그램중(g중), 킬로그램중(kg중)이라고 써.
여기에 적힌 '중'이 바로 중력이란 뜻이야.
이처럼 중력이 나를 만들기 때문에, 중력이 변하면 나도 변해.
달은 중력이 지구의 6분의 1로 작아.
그래서 달에서 몸무게를 재면 지구의 6분의 1로 줄어들어.

문제 지구가 당기는 힘을 직접 확인할 수 있는 도구는 무얼까?
① 용수철   ② 지남철   ③ 지하철

1 용수철

용수철은 금속을 나선형으로 꼰 도구야.
용수철에 물건을 매달면 아래로 쭉 늘어나.
무거운 건 길게, 가벼운 건 짧게 늘어나지.
이때 용수철이 늘어난 길이가 바로
지구가 당기는 힘의 크기야.

힘은 숫자로 나타낼 수 있당!

내 용수철은 싸이보다 짧네!

지구가 날 제일 세게 당기는 게 보이지?

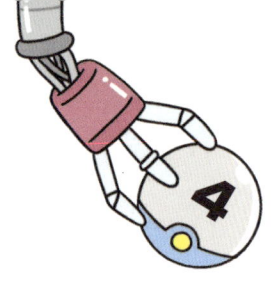

4 스카이 콩콩 속

물체를 당기거나, 꾹 눌렀을 때
원래 상태로 돌아가려는 성질을 탄성이라고 해.
그때 작용하는 힘이 바로 나, 탄성력이야.
스카이 콩콩 속에서 내가 어떻게 활약하는지 한번 볼래?

발판에 힘을 주면
용수철이 눌려서
짧게 줄어들어.

줄어든 용수철이 펴지면
그 힘으로 스카이 콩콩이
높이 튀어 올라.

발로 누르는 힘

용수철의 탄성력

이게 다 내
덕분이라고!

스카이 콩콩 속 용수철은 탄성력이 강해.
용수철은 생활 곳곳에서 편리하게 쓰이지.

볼펜 속 용수철이 눌리면 볼펜 심이 나오고, 펴지면 들어가.

침대에 누우면 용수철이 눌려 푹신하고, 일어나면 다시 펴져.

깜짝 상자를 열면 눌렸던 용수철이 펴지면서 인형이 튀어나와.

완력기의 용수철을 당겼다 놓았다 반복하며 근육을 단련해.

문제 용수철처럼 탄성력이 강한 물건이 있어. 뭘까?
① 쇳덩이 ② 돌멩이 ③ 고무줄

3 고무줄

고무줄, 대나무, 스펀지도 탄성력이 강해.
어디에 쓰이는지 볼까?

고무줄은 쭉쭉 잘 늘어나고, 잘 줄어들어.
그래서 머리 묶는 끈에도 쓰이고,
바지나 치마 허리에도 많이 쓰여.

대나무는 휘어졌다가도 원래대로
잘 돌아와. 그래서 예전에는
장대높이뛰기 할 때 대나무를 썼어.

스펀지는 꾹 눌러도 원래대로 돌아가.
그래서 푹신푹신한 방석, 소파에
많이 쓰여.

힘은 꽤 편리한 존재당!

고무줄놀이 같이 하자!

나는 훼방 놓을 테다!

2 마찰력

쇠똥구리가 거친 흙바닥에서 공을 굴리네. 내가 어떻게 훼방 놓는지 볼래? 내가 공과 흙바닥이 맞닿은 곳에서 반대 방향으로 힘을 썼더니 공이 데구루루 구르다가 멈췄어.

쇠똥구리가 매끈한 얼음판에서 공을 굴리네.
접촉면이 매끈매끈해서 내가 움직임을 방해하는 힘도 적어져.

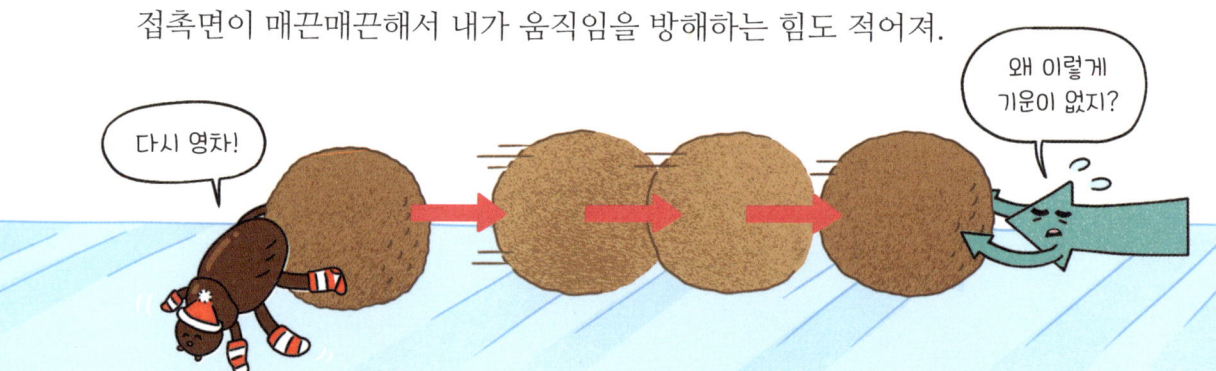

이번에는 쇠똥구리가 무거운 공을 굴리려고 해.

"이 훼방꾼, 왜 자꾸 막는 거야? 썩 꺼져."

"내가 없으면 불편할 텐데. 난 움직이는 걸 막기도 하지만 미끄러지지 않도록 돕기도 하거든."

손가락의 지문은 손과 물건 사이에 마찰력을 크게 해서 물건이 미끄러지지 않게 해.

신발 밑창의 우둘투둘한 부분은 마찰력을 크게 해서 미끄러지지 않게 해.

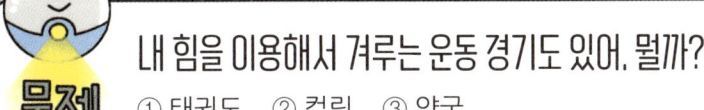

문제 내 힘을 이용해서 겨루는 운동 경기도 있어. 뭘까?
① 태권도　② 컬링　③ 양궁

2 컬링

컬링은 얼음판에서 스톤(돌 공)을 굴려 원 안에 들어가게 하는 경기야. 스톤이 빨리 움직이게 하려면 얼음판 위의 마찰력을 줄여야 해. 이럴 때 브러시를 이용해.

브러시로 돌 공 앞쪽의 얼음판을 매끈매끈하게 문질러 주면 마찰력이 작아져.

선수들이 움직일 때도 마찰력이 중요해. 컬링 신발은 양쪽 바닥이 다른데, 빨리 달리고 싶을 때는 바닥이 매끈한 신발에, 멈추고 싶을 때는 바닥이 거친 신발에 힘을 줘.

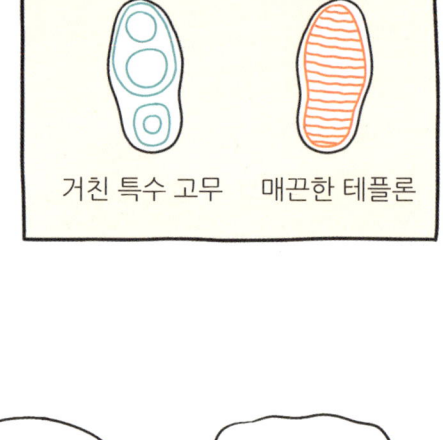

거친 특수 고무   매끈한 테플론

힘은 운동을 방해하기도 도와주기도 한당.

저기 달려오는 게 있어.

왜 안 멈추는 거야?

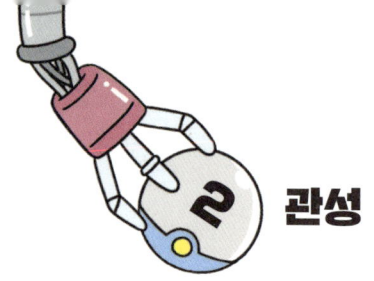

2 관성

당나귀가 내 성질을 이용해 심술궂은 주인을 혼내 준 적이 있어.
그 이야기를 들려줄까?

물체에 힘이 작용하지 않으면 모든 물체는 자기의 상태를 그대로 유지하려고 해. 그게 바로 관성의 법칙이야.

관성을 방해하는 힘이 없는 곳은 어디일까?
① 땅속 ② 물속 ③ 우주

3 우주

중력과 공기가 없는 우주에는 관성을 방해하는
힘이 없어. 그래서 움직이는 종이비행기는 똑같은
빠르기로 계속 앞으로 나아가.

아무도 우리를 막지 않아!

하지만 지구에서는 주변의 힘에 영향을 받아.
종이비행기는 처음에는 잘 날다가 속도가 느려지고 결국 멈춰.
지구의 중력과 공기의 마찰력이 관성을 방해해서 그래.

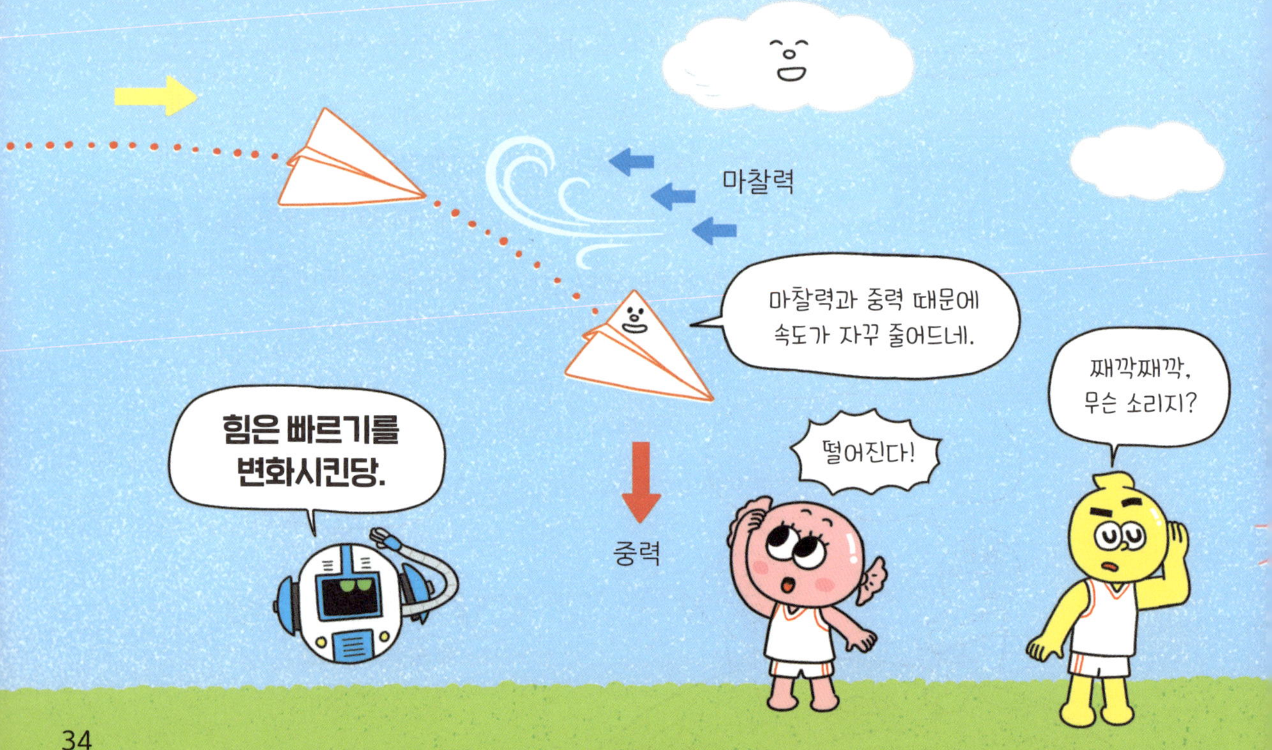

마찰력

마찰력과 중력 때문에 속도가 자꾸 줄어드네.

째깍째깍, 무슨 소리지?

떨어진다!

중력

힘은 빠르기를 변화시킨당.

2 시계와 자

시계로 시간을, 자로 이동 거리를 재면 나를 알 수 있어.
그럼 토끼와 거북 중에 누가 더 빠른지 알아볼까?

첫 번째 대결 : 1시간 달리기

같은 시간 동안 달렸다면 이동한 거리로
빠르기를 비교하면 돼.

더 먼 거리를
달린 토끼 승!

토끼는 200미터

거북은 100미터

두 번째 대결 : 50미터 수영 대결

같은 거리를 이동했다면 걸린 시간으로
빠르기를 비교하면 돼.

시간이 덜 걸린
거북 승!

토끼는 15분

거북은 5분

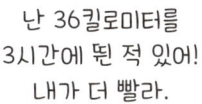

이동한 거리와 시간이 달라도 빠르기를 비교할 방법이 있지. 바로 속력을 계산하는 거야.

속력 = 이동 거리 ÷ 걸린 시간

16km ÷ 2h = 8km/h

거북은 한 시간 동안 8킬로미터를 간 거야.

36km ÷ 3h = 12km/h

토끼는 한 시간 동안 12킬로미터를 간 거야.

속력은 한 시간 동안 이동한 거리를 나타내. 속력이 빠른 토끼 승!

토끼보다 더 빠른 게 많아. 세상에서 가장 빠른 건 뭘까?
① 빛 ② 솔개 ③ 소문

1 빛

빛은 아주 빨라서 1초 단위로 속력을 재. 이걸 초속이라고 해. 빛이 1초에 얼마나 움직이는지 다른 것과 비교해 볼까?

1초 만에 달 가까이까지 왔다.

빛 · · · · · · · · · · · · · 약 30만 킬로미터

로켓 약 11.2킬로미터

초음속 비행기 약 550미터

소리 약 340미터

치타 약 30미터

달리기 선수 약 10미터

달팽이 약 2.4밀리미터

번개가 먼저 치고 그다음에 천둥소리가 들리지? 그건 빛이 소리보다 빨라서 그래.

헉헉, 힘이 있어야 빨리 달린당!

에그로봇! 힘내!

저기 뱅글뱅글 도는 게 뭐지?

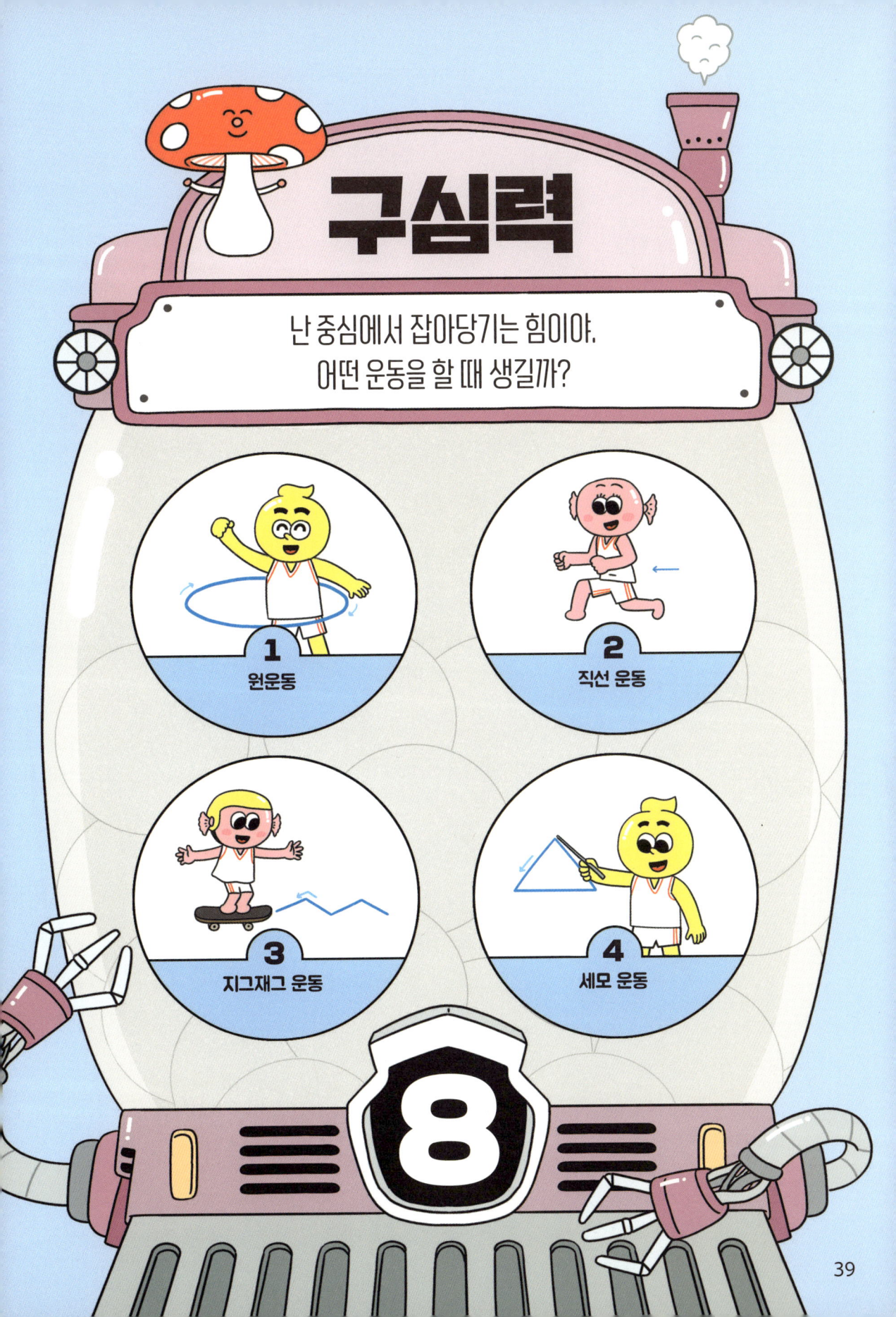

1 원운동

회전 그네의 일기

○월 ○일. 날씨: 맑음

난 놀이공원의 인기 스타 회전 그네다.
내가 빙글빙글 돌면, 구심력이 의자에 달린 줄을
안쪽으로 잡아당겨서 도망가지 못하게 한다.
그래서 난 꼼짝없이 동그랗게 돌 수밖에 없다.
사람들은 이걸 원운동이라고 부른다.

> 줄이 의자를 안쪽으로 잡아당기지? 그 힘이 바로 구심력이야!

구심력

> 의자가 밖으로 달아나려는 힘이 원심력이야. 구심력이랑 반대 방향이지.

원심력

내가 빠르게 돌면, 사람들이 소리친다.
"으악, 밖으로 튕겨 나갈 것 같아."
이건 내 탓이 아니다. 어느새 나타난 원심력이 의자와 사람들을
바깥쪽으로 끌어당겨서다. 구심력과 원심력이 힘겨루기를 하는 것이다.

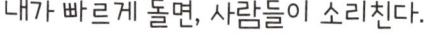

40

○월 ○일. 날씨: 흐림

"네가 없으면, 내 힘이 더 돋보일 텐데."
원심력이 투덜거리자, 구심력이 말했다.
"모르는 말씀! 내가 사라지면
원운동도 없어지고, 너도 사라져."
원심력이 깜짝 놀라 말했다.
"구심력아, 절대 사라지지 마."
원심력과 구심력 덕분에 내 인기는 걱정 없다.

문제 지구 둘레를 돌며 원운동을 하는 게 있어. 뭘까?
① 높이 나는 새   ② 인공위성   ③ 신이 탄 마차

2 인공위성

인공위성은 지구 주위를 돌도록 쏘아 올린 인공 장치야.
인공위성은 잡아당기는 줄도 없는데, 지구 둘레를 도는 원운동을 해. 여기에도 구심력과 원심력이 있을까?

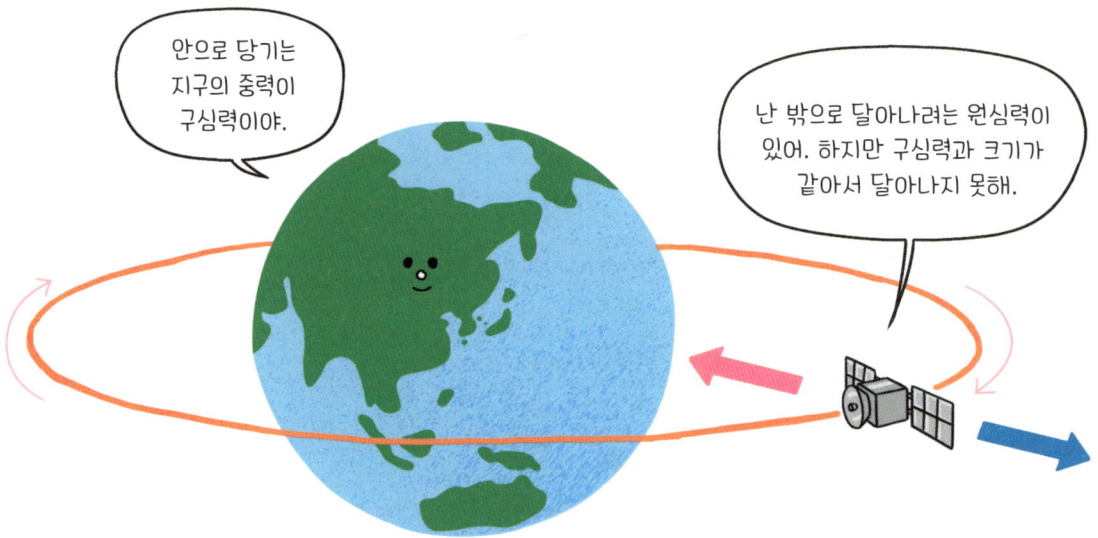

지구의 중력은 달도 끌어당겨. 그래서 달은 지구 둘레를 돌지.
태양은 지구를 끌어당겨. 그래서 지구는 태양 둘레를 돌아.
이처럼 원운동을 하는 모든 것에는 구심력과 원심력이 있단다.

1 아르키메데스

고대 그리스의 과학자였던 아르키메데스가
나를 사용한 이야기를 들어 볼래?

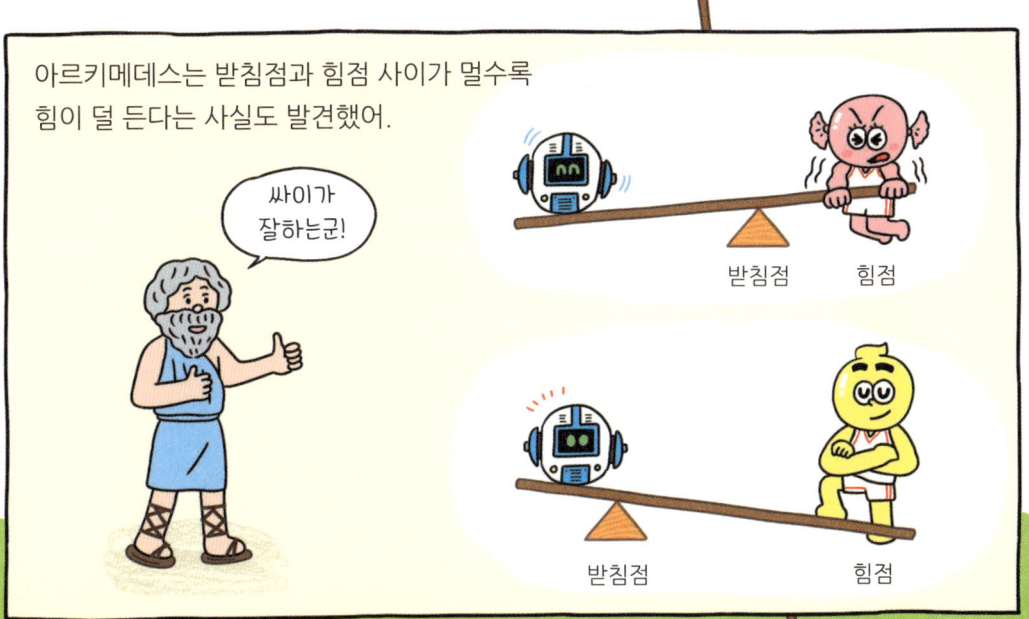

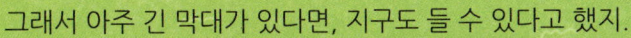

다음 중 지레처럼 힘이 덜 들게 도와주는 도구는 뭘까?
① 술래   ② 도장   ③ 도르래

3 도르래

무거운 물건을 위에서 끌어 올리려면 힘들지?
이럴 땐 생각을 바꿔 봐.

3 변신하기

내가 없다면 힘은 아무것도 하지 못해.
힘을 쓸 수 있는 능력인 나, 에너지가 있어야 운동도 하고 일도 하지.
난 모습이 여러 개야. 시시각각 변신하지.
어떻게 변신하는지 볼래?

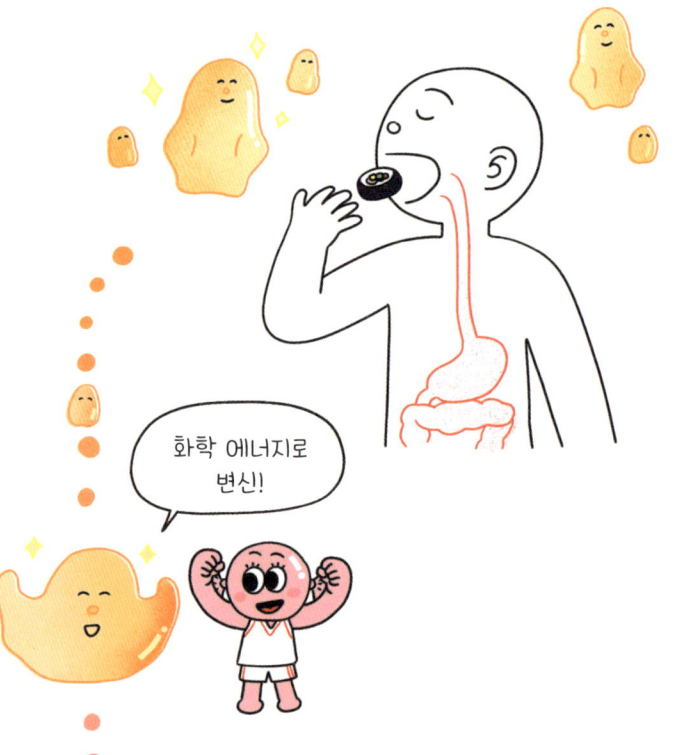

밥을 먹으면 음식이 몸에서 소화되면서 내가 생겨.
이걸 화학 에너지라고 해.
에너지가 충전됐으니 출발!

화학 에너지로 변신!

페달을 힘껏 밀자, 자전거가 움직였어.
몸에 있던 화학 에너지가 자전거의 운동 에너지로 변한 거야.

운동 에너지로 변신!

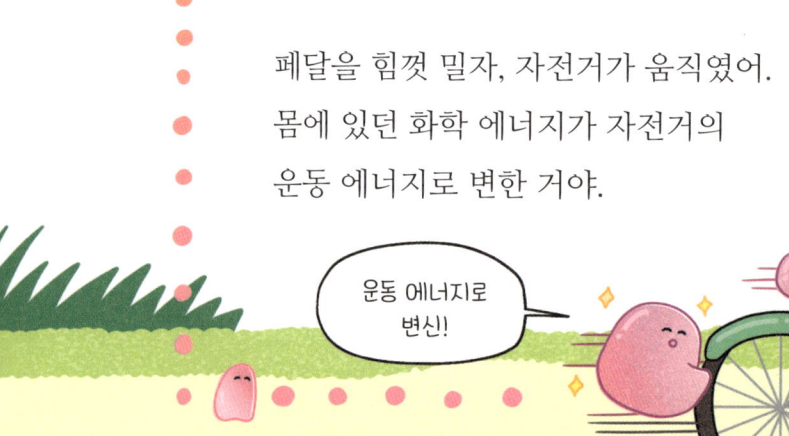

으쌰으쌰, 운동 에너지를 사용해
계단을 올라가 꼭대기에 도착!
이제 높은 곳에 있는 날
위치 에너지라고 불러 줘.

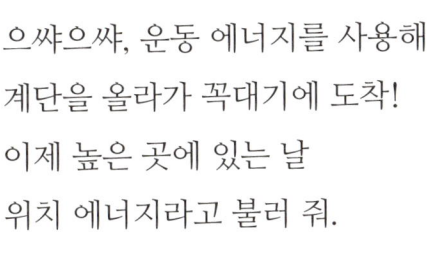

위에서 아래로 다이빙!
나는 위치 에너지에서
다시 운동 에너지로 변했어.
어때, 변신 천재지?

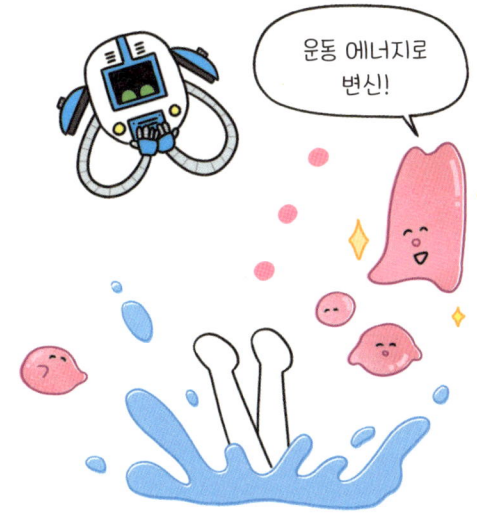

문제 에너지는 모습이 바뀌어도 힘은 똑같아. 이걸 뭐라고 할까?
① 에너지가 보존된다.   ② 에너지가 미쳤다.

 ## 1 에너지가 보존된다.

이처럼 보존되는 에너지가 맨 처음
어디에서 왔는지 궁금하지?
그건 바로 태양이야. 태양 에너지가 식물을 키우고,
그 식물을 먹으면 힘을 내는 화학 에너지가 생겨.

온 세상의 힘과 운동을 만든 태양 에너지, 정말 고맙지?

힘은 ●밀●● 이야. 왜냐하면 미는 힘과 당기는 힘이 있거든.

힘 중에 제일은 지구 중심에서 당기는 ●● 이지.

물체를 당기는 중력의 크기를 물체의 ●● 라고 해.

용수철처럼 원래 자리로 되돌아오려는 힘을 ●●● 이라고 하지.

마찰력은 운동하는 걸 방해하는 ●●● 이야.

움직이는 물체는 ●●●● 처럼 계속 운동하려는 관성 법칙을 따라.

물체가 운동할 때 이동 거리와 걸린 시간을 알면 ●● 을 알 수 있어.

물체가 원운동을 할 때 생기는 힘은 구●● 과 원심력이야.

힘이 덜 들게 도와주는 도구에는 ●●, 도르래, 빗면이 있어.

힘을 쓸 수 있는 능력인 ●●● 는 모습은 변해도 사라지지 않아.

정답: 밀당, 중력, 무게, 탄성력, 훼방꾼, 고집쟁이, 속력, 구심력, 지레, 에너지

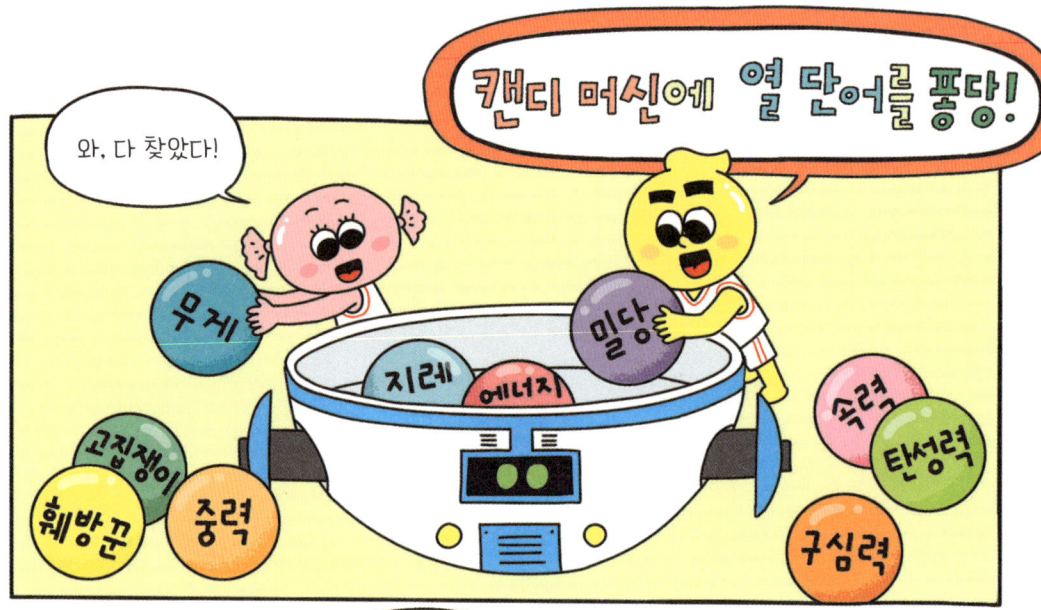

빛과 소리

태양이 뜨거워서

태양은 표면 온도가 5,500도나 될 정도로 아주 뜨거워.
이 뜨거운 열에서 빛이 나오는데, 그 빛이 바로 나야.
나는 멀리 지구에 도착해서도 여전히 뜨겁고 밝아.

윽, 더워!

내가 비추는 곳은 덥고 밝아.
내가 비추지 않는 곳은 춥고 어두워.

아, 덥다!

서늘하네!

자연에는 나 말고도 빛을 내는 게 많아.

사람들도 빛을 만들어 사용해.

이들도 모두 열을 내서 빛이 나지.
이렇게 스스로 빛을 내는 걸 모두 광원이라고 해.

문제: 빛은 밝아서 신호로도 사용해. 어디에서 사용할까?
① 등대 ② 용궁 ③ 백사장

 **등대**

옛날부터 높은 곳에서 피우는 불빛은 위험을 알리는 신호로 쓰여 왔어. 적군을 처음 본 봉수대에서 횃불을 피우면 그 빛을 보고 다음 봉수대들도 횃불을 피워 먼 곳까지 소식을 전했지. 한편 등대가 비추는 빛은 길잡이 신호야. 밤바다에서 배들이 길을 찾도록 돕지.

2 곧게 나아가는 성질

빛이 곧게 나아가는 성질을 '빛의 직진'이라고 해.
하지만 물체에 막히면 빛은 더 이상 나아가지 못해.
그럼 빛이 통과하지 못하는 곳에 어두운 부분이 생기는데
그게 바로 나, 그림자야.

짠! 나는 네가 빛을 막아서 생겼어. 너를 똑 닮았지?

깜짝이야! 넌 어디서 나타난 거냐옹?

나는 빛이 비치는 반대 방향에 생기고,
나를 막은 물체의 모양을 닮아.

2 불투명한 물체

물체에 따라 그림자가 생기는 정도가 달라. 불투명한 물체는 빛이 잘 통과하지 못해서 어두운 그림자가 생겨. 빛을 막고 싶을 때는 천이나 나무처럼 불투명한 물체를 사용하면 돼.
반면 투명한 물체는 빛이 잘 통과해서 그림자가 잘 생기지 않아. 그래서 온실 건물은 유리로 만들어. 빛이 잘 들어오게 하고 싶을 땐 투명한 물체를 사용하면 돼.

2 햇빛 색깔 분리하기

햇빛 색깔을 분리해서 무엇에 쓰냐고?
내가 과학자 뉴턴을 도와서 햇빛의 비밀을 밝힌 이야기를 들려줄게.

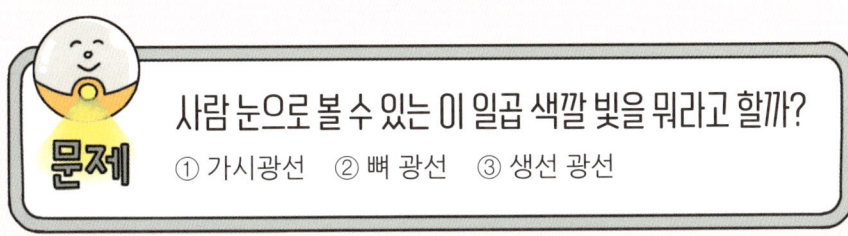

1 가시광선

'가시광선'은 눈으로 볼 수 있는 빛이라는 뜻의 한자어야.
영국 과학자 윌리엄 허셜은 가시광선의 온도를 재다가 빨간색 빛 밖의
온도가 더 높은 걸 보고 또 다른 빛인 '적외선'이 있다는 걸 알아냈어.
그 뒤 독일 과학자 요한 리터는 가시광선의 보라색 빛 바깥쪽에서
새로운 빛을 발견하고는 '자외선'이라고 불렀지.
이 빛들은 생활에서 유용하게 쓰이고 있어.

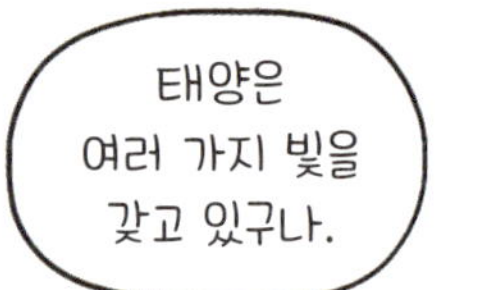

태양은 여러 가지 빛을 갖고 있구나.

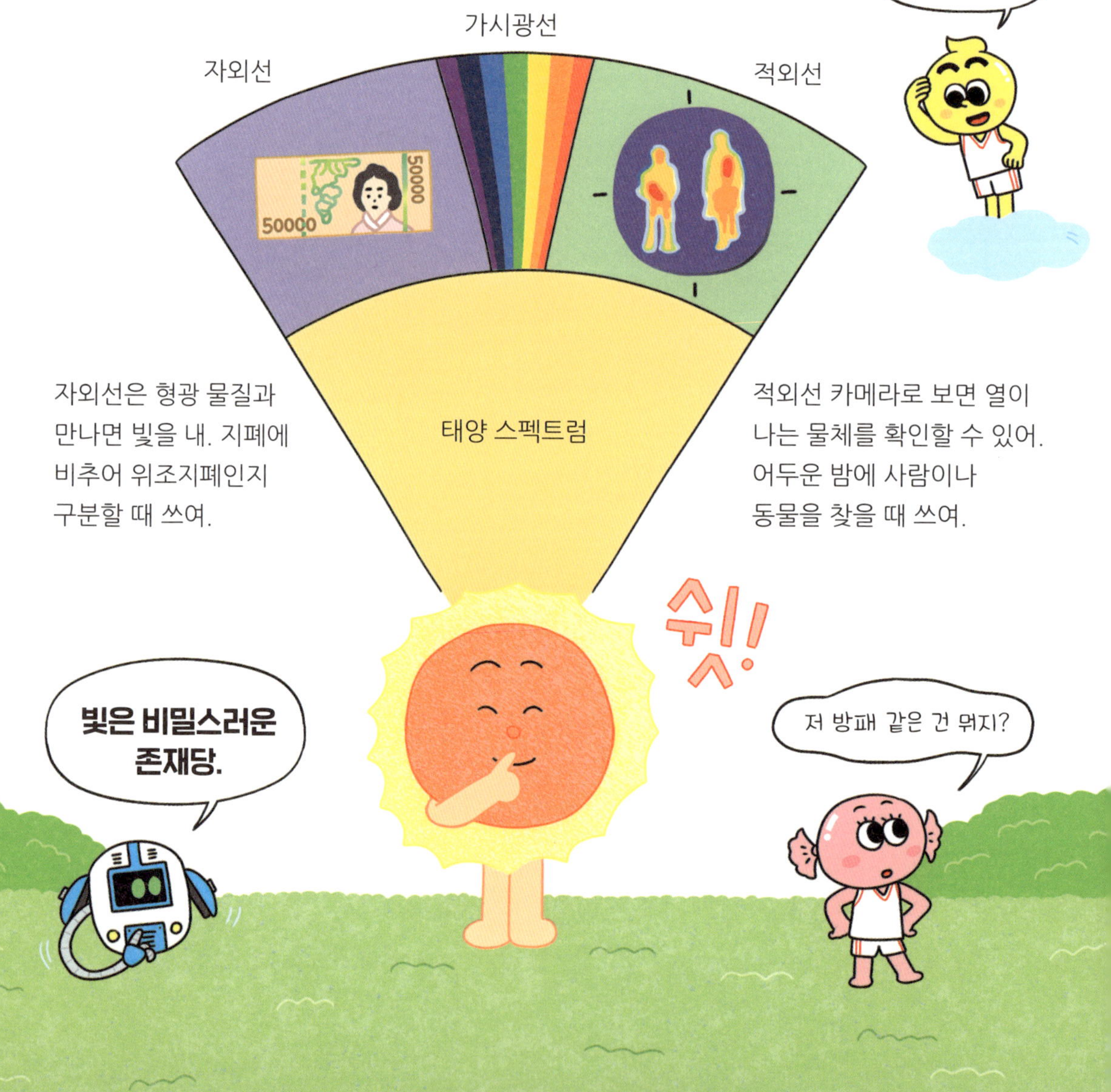

자외선 / 가시광선 / 적외선

태양 스펙트럼

자외선은 형광 물질과 만나면 빛을 내. 지폐에 비추어 위조지폐인지 구분할 때 쓰여.

적외선 카메라로 보면 열이 나는 물체를 확인할 수 있어. 어두운 밤에 사람이나 동물을 찾을 때 쓰여.

빛은 비밀스러운 존재당.

쉿!

저 방패 같은 건 뭐지?

2 반사

빛은 직진하다가 불투명한 물체에 부딪치면 멈춘다고 했지?
그럼 그 빛은 어디로 갈까? 바로 물체가 흡수하거나 반사해.
이때 물체가 튕겨 내서 반사한 빛만 우리 눈에 들어와
그 물체의 색깔로 보이는 거야.

바나나는 빛의 일곱 색깔 중 노란색만
반사하고, 나머지는 모두 흡수해.
그래서 노란색으로 보여.

방울 토마토는 빨간색만 반사하고,
나머지는 모두 흡수해. 그래서
빨간색으로 보여.

물체는 빛의 일곱 색깔을 모두 흡수하기도 해.
그때는 내가 튕겨 내는 색이 없어서 검은색으로 보여.
반대로 물체가 일곱 색깔 중 하나도 흡수하지 않으면
난 일곱 색깔을 모두 튕겨 내. 그럼 흰색으로 보이지.

케이크의 크림은 어떤 색도 흡수하지 않고 모두 반사해. 반사한 일곱 색이 모두 섞여서 흰색으로 보여.

콜라는 일곱 색깔을 대부분 흡수하고, 반사하는 색이 거의 없기 때문에 검은색에 가깝게 보여.

문제 개는 색깔을 구분하지 못하는 색맹이래. 맞을까?
① 맞다. ② 아니다.

 **아니다.**

개는 색맹으로 알려졌지만 사실은 빨간색만 구분하지 못해.
이처럼 동물의 눈에 보이는 세상은 사람의 눈에 보이는 세상과 조금 달라.
무엇이 어떻게 다른지 알아볼까?

빛을 잘 반사해서

아빠 곰이 시장에 가서 물건들을 구경했어.
맑은 물이 찰랑찰랑한 커다란 항아리도 보고
평평하고 반짝반짝하고 눈부신 거울도 보았지.

와!
아빠 곰의 시장 구경

이, 이건 내 얼굴?
울퉁불퉁 일그러졌네.

난 투명한 유리 뒷면에
은 칠을 해서 만든 거울이야.
나한테 얼굴을 비춰 봐!

앗, 잘생긴
내 얼굴이 똑같이
비치네!

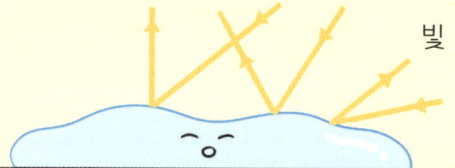

울퉁불퉁한 물 표면은 빛을 여러
방향으로 반사해서 일그러져 보여.

매끈매끈한 거울 표면은 빛을 항상
일정한 방향으로 반사해서 잘 보여.

아빠 곰은 거울을 사서 집으로 돌아갔어.
엄마 곰은 거울을 보고 깜짝 놀랐어.
"여보, 왜 고장 난 거울을 사 왔어요?
거울에 모습이 거꾸로 비쳐요."

이번에는 아기 곰이 거울을 접어서 보았어.
아기 곰도 깜짝 놀라서 소리쳤지.
"아빠! 내 모습이 4개로 늘어났어요."
"뭐? 거울에 귀신이라도 들렸나?"

문제 나를 이용해 잠수함에서 물 위를 볼 수 있게 만든 도구는?
① 잠망경   ② 고글   ③ 천리안

1 잠망경

잠망경은 거울 두 개를 써서 물속에서 물 밖 모습을 보는 도구야.
거울로 두 번 반사하기 때문에 잠망경에 비친 모습은 좌우가 그대로야.
이렇게 거울을 여러 개 쓰면 눈앞에 없는 것도 볼 수 있어.

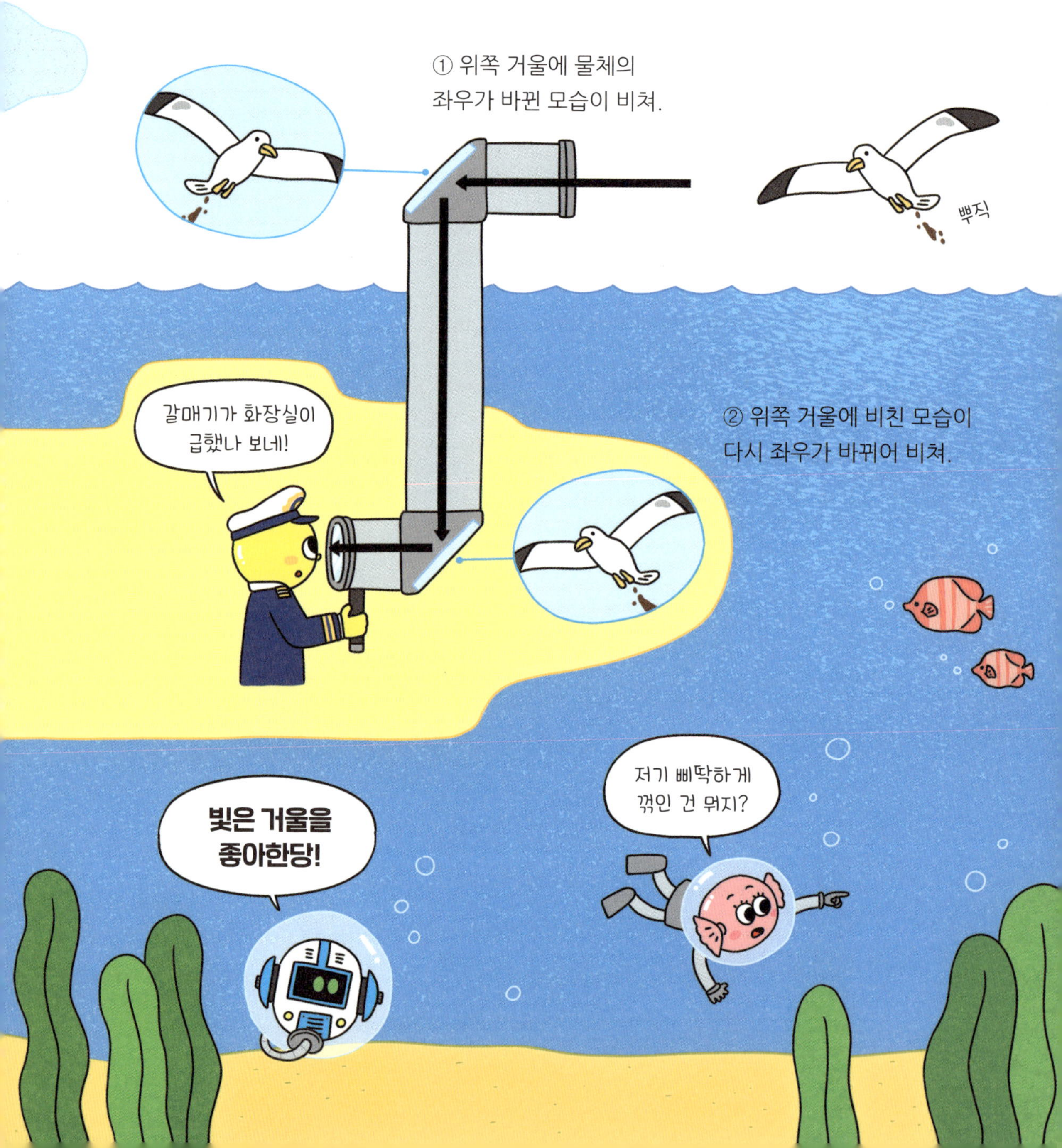

① 위쪽 거울에 물체의 좌우가 바뀐 모습이 비쳐.

뿌직

갈매기가 화장실이 급했나 보네!

② 위쪽 거울에 비친 모습이 다시 좌우가 바뀌어 비쳐.

빛은 거울을 좋아한당!

저기 삐딱하게 꺾인 건 뭐지?

3 다른 물질을 지날 때

나는 공기 속을 지나다 다른 물질로 들어갈 때 꺾여.
나 때문에 어떤 일이 생기는지 마술 공연을 통해 알아볼까?

이런 마술 같은 일이 벌어지는 건, 빛이 굴절하기 때문이야.
너희가 물속에 들어가면 움직임이 평소보다 둔해지지?
빛도 마찬가지야. 공기에서보다 물속에서 속도가 느려져.
그러면 빛이 직진하지 못하고 꺾여서 움직이지.
물속에 들어간 빛이 반사되어 나올 때도 직진하지 않고, 꺾여서 나와.
그래서 우리 눈에 비친 사물의 위치가 원래와 다르게 보이는 거야.

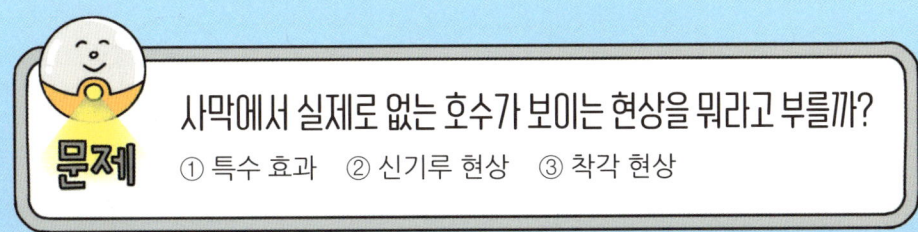

사막에서 실제로 없는 호수가 보이는 현상을 뭐라고 부를까?
① 특수 효과   ② 신기루 현상   ③ 착각 현상

2 신기루 현상

빛은 같은 물질 안에서도 온도가 달라지면 굴절해.
신기루 현상은 빛이 온도가 다른 공기층을 지날 때 생기는 눈속임이야.
이집트에서 신기루 때문에 고생한 나폴레옹 군대 이야기 들어 볼래?

하늘을 반사한 빛이 더운 공기를 만나면
아래에서 위로 굴절해서 이동한다.

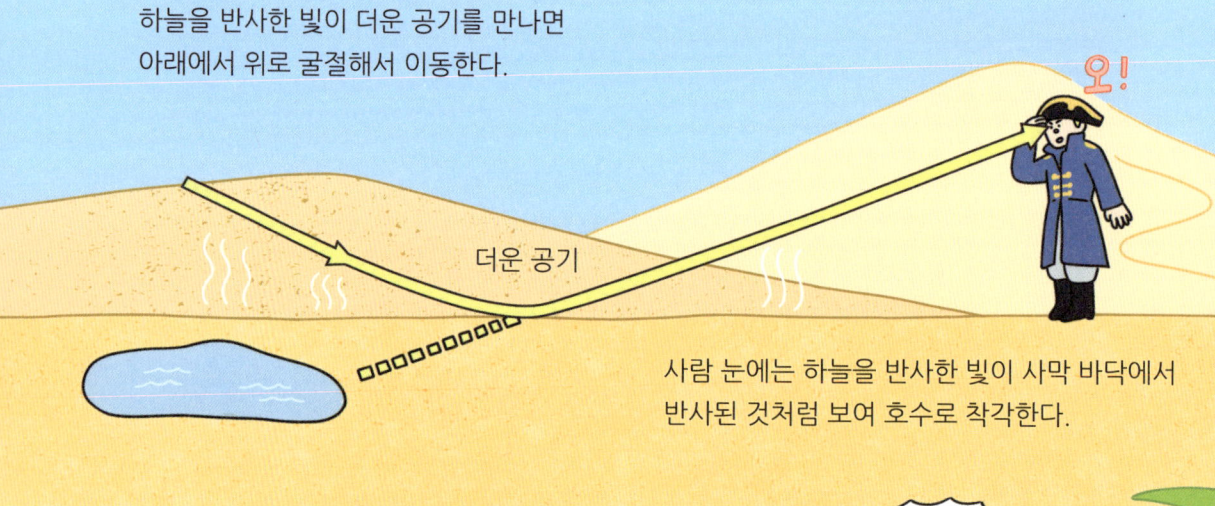

사람 눈에는 하늘을 반사한 빛이 사막 바닥에서
반사된 것처럼 보여 호수로 착각한다.

볼록 렌즈로 물체를 보면 거리에 따라 크기가 달라져.
물체에서 반사된 빛이 볼록 렌즈를 통과하며 굴절해서 그런 거야.

가까운 거리에서 보면 물체가
실제보다 커 보이고,

먼 거리에서 보면 물체가
실제보다 작고 거꾸로 보여.

볼록 렌즈는 돋보기, 확대경, 현미경 등 작은 물체를 볼 때 주로 이용해.

볼록 렌즈를 넣은 관찰경은
곤충을 자세히 관찰하기 좋아.

볼록 렌즈를 2개 넣어 만든 광학 현미경은
엄청나게 작은 세포를 관찰할 때 써.

문제 오목 렌즈는 어떻게 생긴 렌즈일까?
① 가운데가 오목한 렌즈   ② 오목을 잘하게 생긴 렌즈

 # 가운데가 오목한 렌즈

오목 렌즈는 빛을 어떻게 조종할까?

"오목 렌즈를 통과한 빛은 바깥쪽으로 꺾여서 퍼져 나가. 그래서 불은 피울 수 없어."

"그 대신 멀리 있는 물체를 더 선명하게 보여 주는 능력이 있어서 안경, 카메라 등에 많이 쓰여."

초점

"가까운 거리에서는 물체가 실제보다 작고 선명해 보여."

"먼 거리에서는 물체가 더욱 작고 선명해 보여."

"빛은 렌즈로 조종할 수 있당!"

4 파동

파동은 물결처럼 움직인다는 뜻의 한자 말이야.
이름처럼 나는 파도처럼 춤추면서 직진해.
또 난 빛의 종류에 따라 걸음의 크기인 파장이 달라.
파장이 다르면 하는 일도 달라져.

> 난 출렁출렁 춤을 아주 좋아해. 그냥 가면 재미없잖아.

| 감마선 | 엑스선 | 자외선 |

감마선이나 엑스선은 파장이 아주아주 짧아.
이렇게 짧게 출렁거리면 무엇이든 통과할 수 있지.
그래서 이 빛은 몸속을 볼 때나 아픈 곳을
치료할 때 사용해.

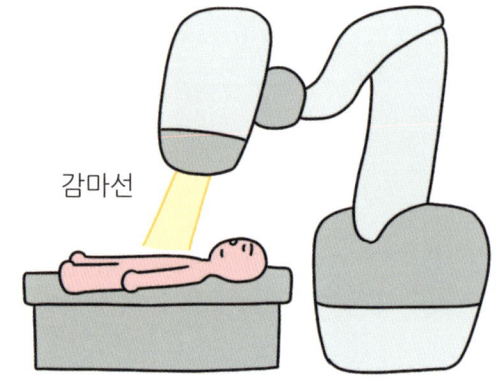

감마선

엑스선

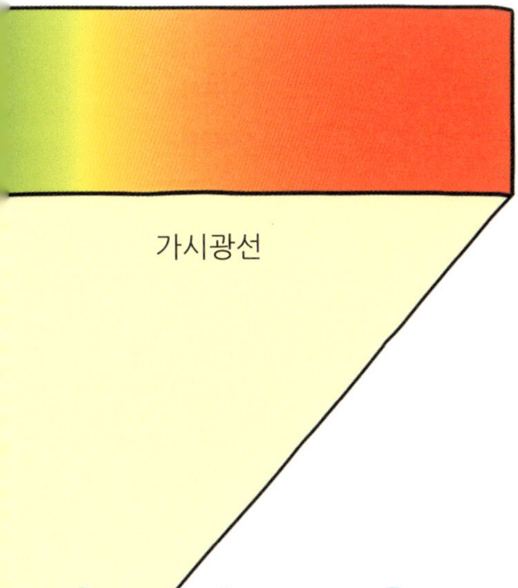

가시광선은 파장에 따라 색이 달라져.
그래서 우리가 다양한 색을 볼 수 있는 거야.

파장이 짧은 쪽은 보라색,
긴 쪽은 빨간색이야.

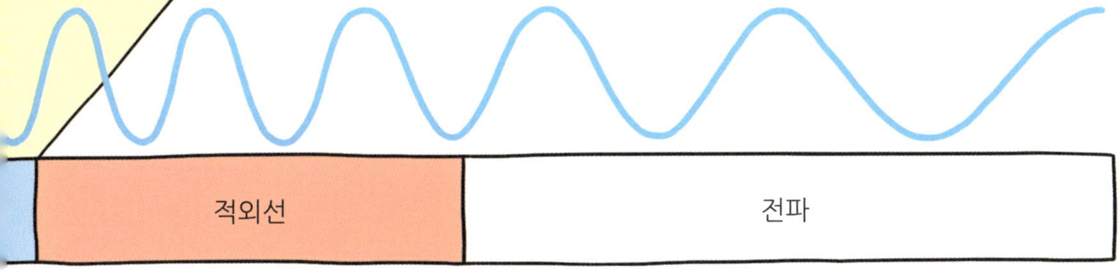

전파의 파장은 길게 출렁거리면서
멀리멀리 어디에나 갈 수 있어.
그래서 이 빛은 무선 통신에 이용돼.
빛이 참 다양한 일을 하지?
그게 다 내 덕분이라고!

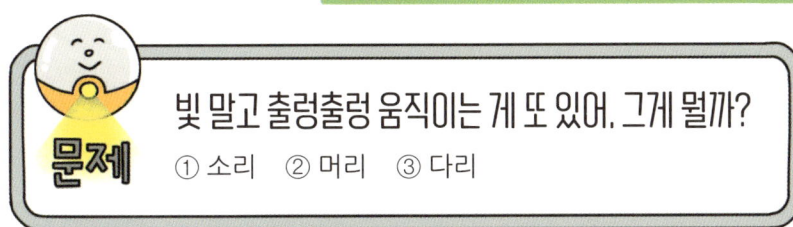

빛 말고 출렁출렁 움직이는 게 또 있어. 그게 뭘까?
① 소리   ② 머리   ③ 다리

 # 소리

너희가 듣는 소리도 출렁출렁 움직이는 파동이야.
소리의 파동은 특별히 '음파'라고 불러.
음파는 파장의 길이가 다르면 소리의 높낮이가 달라져.

이처럼 소리와 빛이 너희 눈에 보이지 않아도
너희를 향해 출렁출렁 움직이며 가고 있다는 걸 꼭 기억해.

2 성대를 떨게 해서

난 뭐든지 흔들어서 떨게 만드는 떨림이야.
날 진동이라고도 부르는데, 소리가 나는 건 다 내 덕분이지.
오늘은 좋은 목소리를 내게 해 달라는 부탁을 받았어.
그럼 실력 발휘 좀 해 볼까?

아아아앙.
노래 준비됐습니다!

2. 그랬더니 성대를 지난 공기가 주변의 공기를 떨게 하며 멀리멀리 퍼져 나갔어.

1. 난 폐 안의 공기가 밖으로 나올 때 성대를 떨게 했어.

오케이! 이제 악기들 준비하세요.

3. 드디어 귀에 도착.
난 귓속의 고막을 떨게 했어.

악기들의 부탁도 들어줬지.
실로폰은 막대를 떨게 하고, 바이올린은 현을 떨게 하고,
리코더는 관 속 공기를 떨게 하고, 북은 북 표면을 떨게 해 줬더니
아름다운 악기 소리가 되었어.

문제 진동이 실력을 발휘해도 소리가 안 들리는 곳이 있어. 어딜까?
① 우주 ② 숲속 ③ 물속

1 우주

소리가 잘 들리려면 날 전달하는 물질인 공기가 꼭 필요하지.
하지만 우주에는 공기가 거의 없어.
그래서 아무리 크게 소리쳐도 들을 수가 없어.
만약 네가 우주에 간다면, 소리 대신 빛으로 신호를 보내야 해.

들리냐?

뭐라는 거야?
빛으로 신호를 보내!

소리는 부르르 떠는 게 취미당.

음악 좋지?

으쌰!

3 부딪치면 반사해서

메아리는 영어로 에코인데, 그리스 신화에 나오는 요정 이름과 같아.
에코가 왜 메아리란 뜻으로 쓰이게 되었는지 들어 볼래?

산에서 "야호!" 하고 소리치면 잠시 뒤 메아리가 들려.
그건 소리가 퍼져 나가다가 단단한 물체에 부딪쳐 반사되어
돌아오기 때문이지. 소리가 반사되는 성질은 생활 곳곳에 이용돼.
음악이 연주되는 공연장을 살펴볼까?
공연장에는 천장과 벽면에 음향 반사판을 설치해 소리가
사방으로 흩어지지 않고 골고루 정확하게 뻗어 나가게 해.
그 덕분에 사람들은 위치와 관계없이 선명한 소리를 즐길 수 있어.

문제 소리 중에는 사람이 못 듣는 소리도 있어. 그게 뭘까?
① 초음파 ② 초능력파 ③ 음치파

 **초음파**

초음파는 파장이 매우 짧아서, 사람이 들을 수 있는 소리 범위보다 아주 높은 소리를 내.
그런데 박쥐나 돌고래는 이 초음파를 들을 수 있어.
또 초음파는 반사가 잘 되는 성질이 있어. 이걸 이용해서 직접 가지 않고도 깊은 바닷속의 모습을 알아내지.

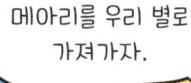
빨리 돌아오는 걸 보니, 높은 지형이군.

늦게 돌아오는 걸 보니, 낮은 지형이군.

소리는 참 대단하지?
소리도 빛도 반사하는
건 똑같아.

소리는 되돌아오기 선수당.

메아리를 우리 별로 가져가자.

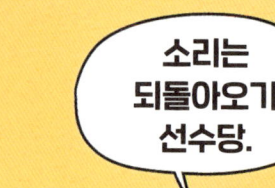

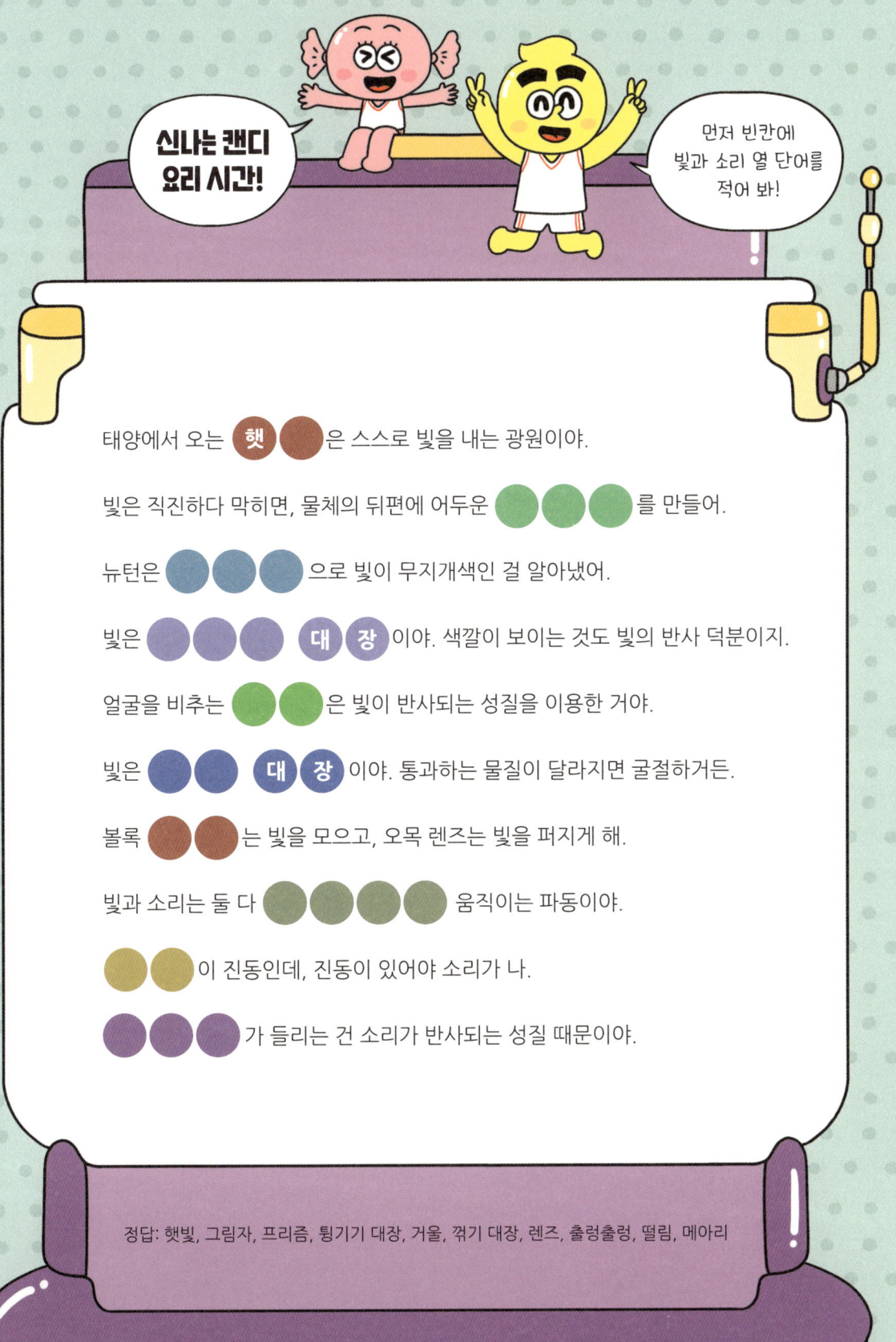

1 변신

나, 전기는 에너지의 하나야.
나는 어디로든 쉽게 이동하고, 다른 에너지로 변신도 잘해.
전구가 어두운 밤을 환하게 밝히는 건 다 내 덕분이지.
내가 빛 에너지로 변해서 전구를 켜거든.

웬일이야.
책을 읽고 있넹.

전기 에너지

나는 일을 잘해서 가전제품에 아주 많이 사용돼.
내가 어떤 일들을 할 수 있는지 볼까?

나는 전파로 변신해
전자레인지 속 음식을 익혀.

나는 소리 에너지로 변신해
스피커의 소리를 내.

나는 운동 에너지로 변신해
청소기를 윙윙 움직여.

나는 열에너지로 변신해
히터를 달궈.

문제 자연 속에도 전기가 있어. 어디 있을까?
① 잔디밭 위   ② 구름 속

2 구름 속

나는 구름과 구름이 부딪힐 때도 만들어져.
이때 번쩍번쩍 빛이 나며 번개가 치지.
나는 벼락을 일으켜 큰 피해를 주기도 해.

스스로 전기를 만들어 내는 동물도 있어.
아마존강에 사는 전기뱀장어는 전기를 이용해 사냥을 하지.

먹이 발견!

800볼트 전기 발사!

전기는 강력하당!

앗, 따가워!

저기 누가 전기를 만드는데?

4 그리스의 철학자

전기를 처음 발견한 건 그리스의 철학자 탈레스야.

전기가 생기는 건 호박과 털가죽 속의 나 때문이야.
물질은 아주 작은 알갱이인 원자로 이루어져 있는데,
그 안에는 양전기를 띤 원자핵과 음전기를 띤 나, 전자가 있지.

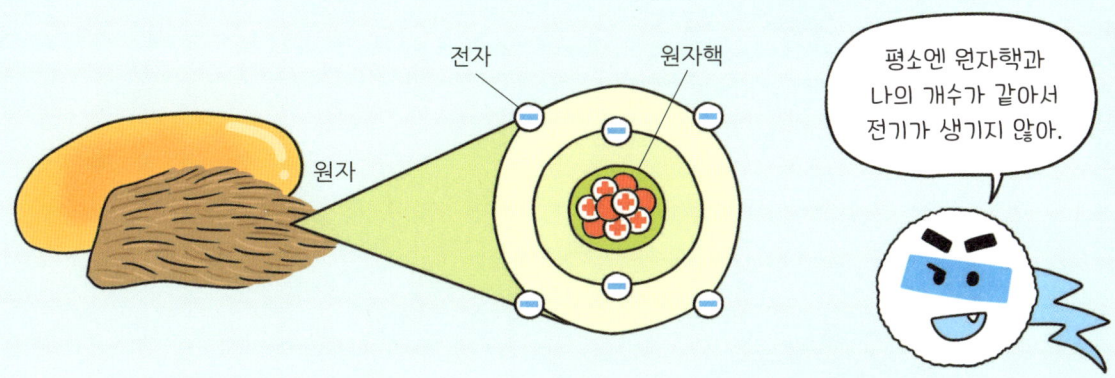

그런데 다른 물체에 부딪힐 때 나는 밖으로 잘 튀어 나가.
털가죽과 호박이 부딪히면 나는 털가죽에서 튀어 나가 호박으로 이동해.
바로 이때 전기가 생기는데, 이게 정전기야.

정전기는 물체가 부딪힐 때 잘 생겨서 생긴 별명이 있어, 뭘까?
① 싸움꾼 전기 ② 마찰 전기 ③ 교통사고 전기

109

 ## 마찰 전기

정전기는 물체끼리 마찰이 일어날 때 생겨서 마찰 전기라고도 해.
정전기는 우리 생활 속에서 흔히 볼 수 있어.

내가 아주 잠깐 동안만 이동했다 돌아오기 때문에
정전기는 금세 사라져. 그래서 별로 위험하지 않아.
오히려 정전기를 이용해서 편리한 물건을 만들기도 하지.

비닐 랩은 뜯어낼 때 발생한 정전기 덕분에 물체에 착 달라붙어.

먼지떨이가 물체에 닿을 때 발생한 정전기가 먼지를 끌어들여.

1 실험실 개구리

이탈리아의 과학자 알레산드로 볼타가 친구 루이지 갈바니의 개구리 실험 결과를 확인하다가 나를 발명했어.

볼타의 생각이 발전해서 바로 나, 건전지가 되었어.
내가 어떻게 전기를 만들어 내는지 망간 전지를 예로 들어 볼까?
망간 전지는 아연과 망간 두 가지 금속으로 만든 건전지야.
아연은 전자를 잘 잃고, 망간은 전자를 잘 얻는 금속이지.

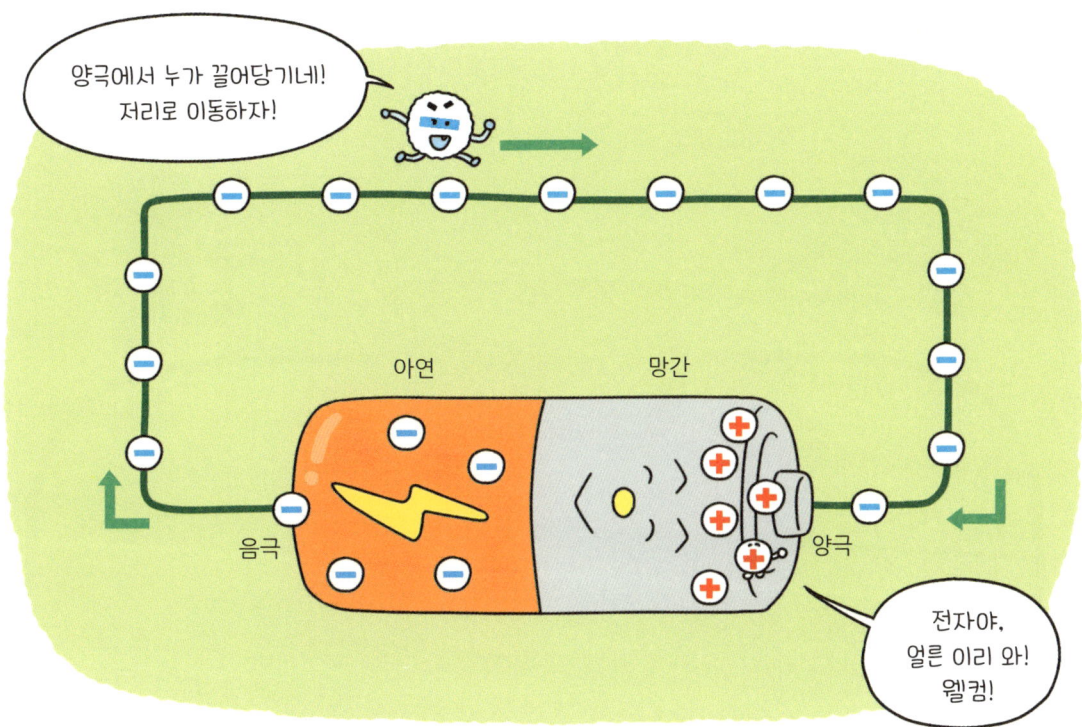

이렇게 전자가 줄줄이 이동하면 전기가 생겨서 흘러.
정전기는 잠깐 생겼다가 금세 사라지지만,
나는 건전지 속 재료가 모두 닳을 때까지 계속 전기를 만들 수 있어.
내 덕분에 사람들은 전기를 편리하게 쓸 수 있게 되었지.

이렇게 계속 흐르는 전기를 뭐라고 부를까?
① 전류   ② 폭포   ③ 유전

 전류

전기가 물처럼 흐른다고 해서 전류라고 불러.
전자는 건전지의 음극에서 나와 양극으로 이동해.
하지만 전류의 흐름은 이와 반대야.

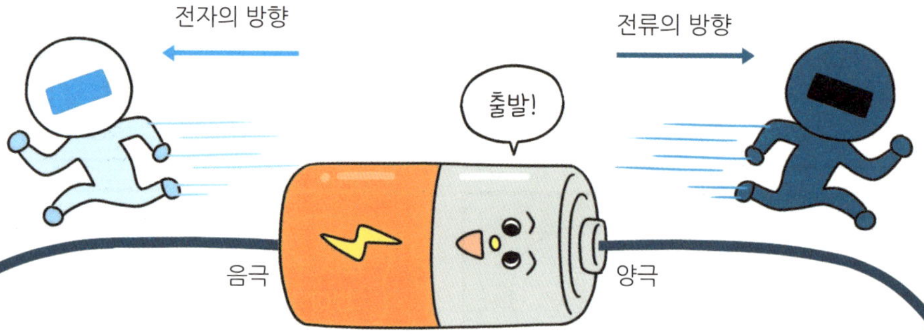

전자의 방향 ← 출발! → 전류의 방향

음극 　　 양극

왜 전자의 흐름과 전류의 흐름이 반대일까?
사실 전자의 흐름이 전류이기 때문에 이 둘의 방향은 같아.
하지만 옛날 전기를 연구하던 과학자들은 전자가 있는 줄 몰랐어.
그래서 전류의 방향이 양극에서 음극으로 흐른다고 정했는데,
이걸 오늘날까지도 바꾸지 않은 거야.

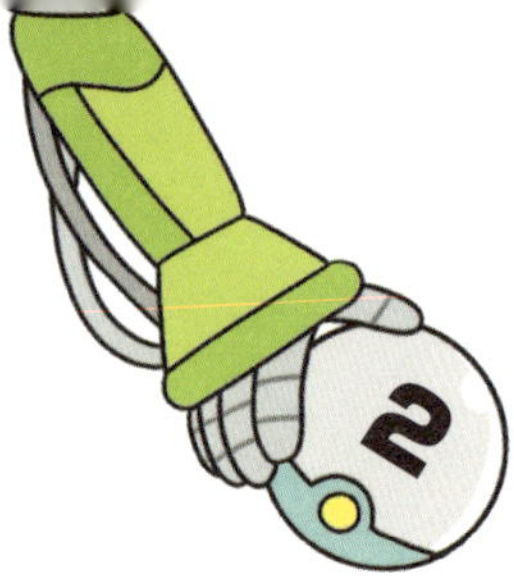

2 반짝반짝 빛나는 구리

난 주변에서 쉽게 찾을 수 있어.
전자 제품에 연결된 선이 바로 나거든.
나는 겉은 플라스틱, 속은 구리로 되어 있어.

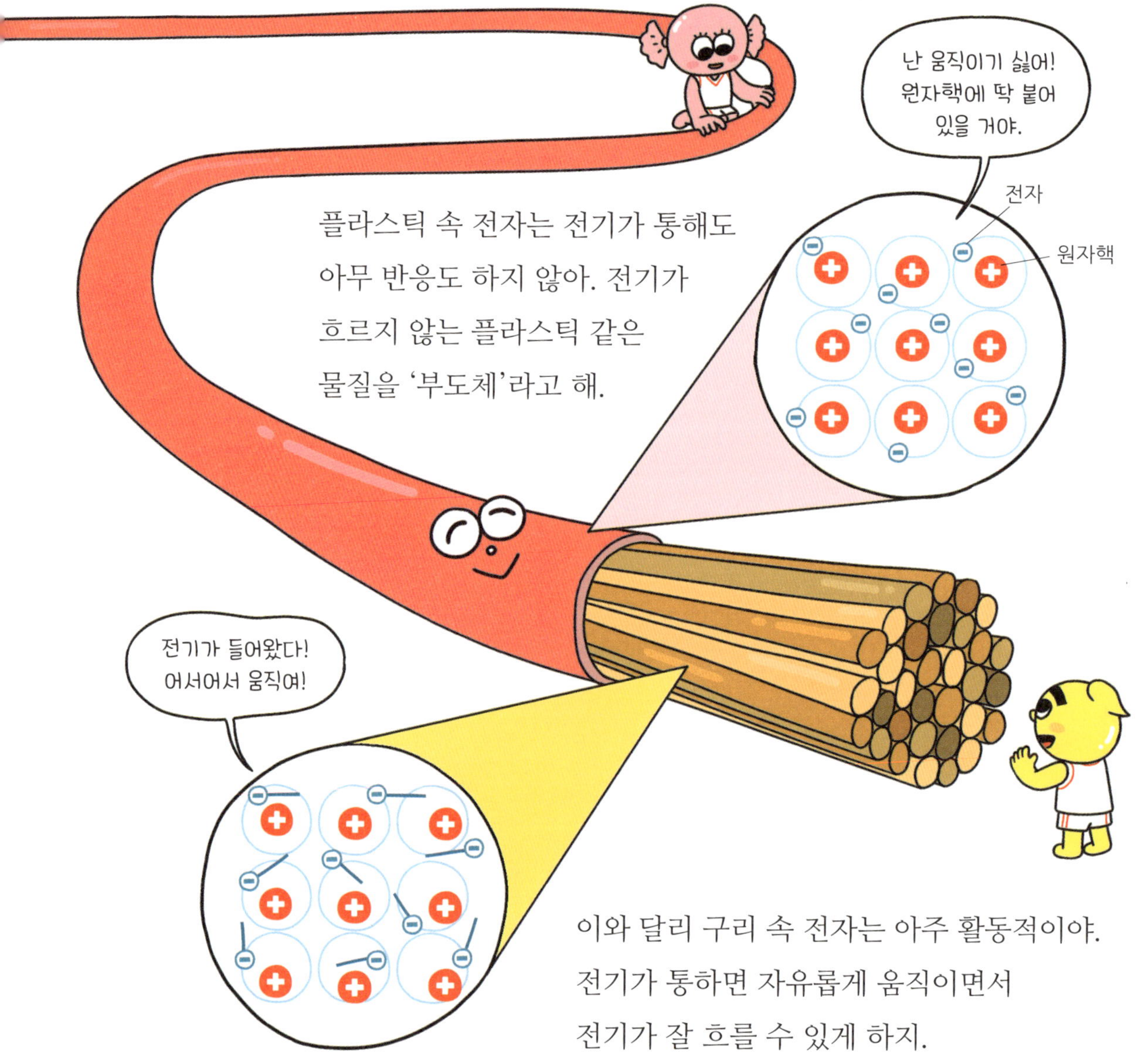

플라스틱 속 전자는 전기가 통해도 아무 반응도 하지 않아. 전기가 흐르지 않는 플라스틱 같은 물질을 '부도체'라고 해.

난 움직이기 싫어! 원자핵에 딱 붙어 있을 거야.

전자
원자핵

전기가 들어왔다! 어서어서 움직여!

이와 달리 구리 속 전자는 아주 활동적이야.
전기가 통하면 자유롭게 움직이면서
전기가 잘 흐를 수 있게 하지.
구리 같은 물질을 '도체'라고 해.

그런데 나를 왜 부도체로 감쌌을까?
그건 사람 몸이 대부분 도체인 물로 이루어졌기 때문이야.
만약 나를 도체로만 만들면, 사람이 나를 만졌을 때 강한 전기가
몸속으로 흘러들어 가 감전될 수 있어.
그래서 전기가 흘러 나가지 못하도록 부도체로 감싼 거야.
콘센트나 전기 기구를 젖은 손으로 만지지 않도록 조심해야 해.

조심!
부도체로 감쌌지만
손에 묻은 물기를 통해
감전될 수 있어.

도체와 부도체의 성질을 모두 지닌 물질도 있어. 그게 뭘까?
① 반도체　② 어중간체　③ 반반체

1 반도체

모래에서 추출한 규소(실리콘)는 원래 전기가 흐르지 않아.
하지만 규소에 열을 가하면 전기가 흐르게 돼.
이렇게 전기가 흐르거나 흐르지 않게 조절할 수 있는 물질이 반도체야.
도체와 부도체의 성질을 반반씩 가지고 있어서 이렇게 부르지.
반도체의 성질을 이용해 전자 기기를 움직이는 중요한 부품을 만들어.

전기 신호를 빛으로 바꾸는 LED 반도체

정보를 기억, 저장하는 메모리 반도체

사람 뇌와 비슷한 역할을 하는 시스템 반도체

전기는 금속을 좋아한당.

전기가 흐르는 걸 멈출 수도 있어?

글쎄?

3 전기 회로

건전지에서 나온 전기가 흐르려면 길이 필요해.
가장 기본적인 전기 회로를 먼저 만들어 볼까?
건전지와 전선을 끊기지 않게 서로 연결하면 완성!

전기가 잘 흐르는지 알고 싶으면 전구를 추가하면 돼.
전선과 전선 사이에 전구를 연결하면
전류가 흘러서 전구에 환하게 불을 밝혀.

드디어 내가 등장할 시간이야!
전선과 전선 사이에 나, 스위치를 연결하고 꾹 누르면
전기 회로가 이어져서 전기가 흐르기 시작해.

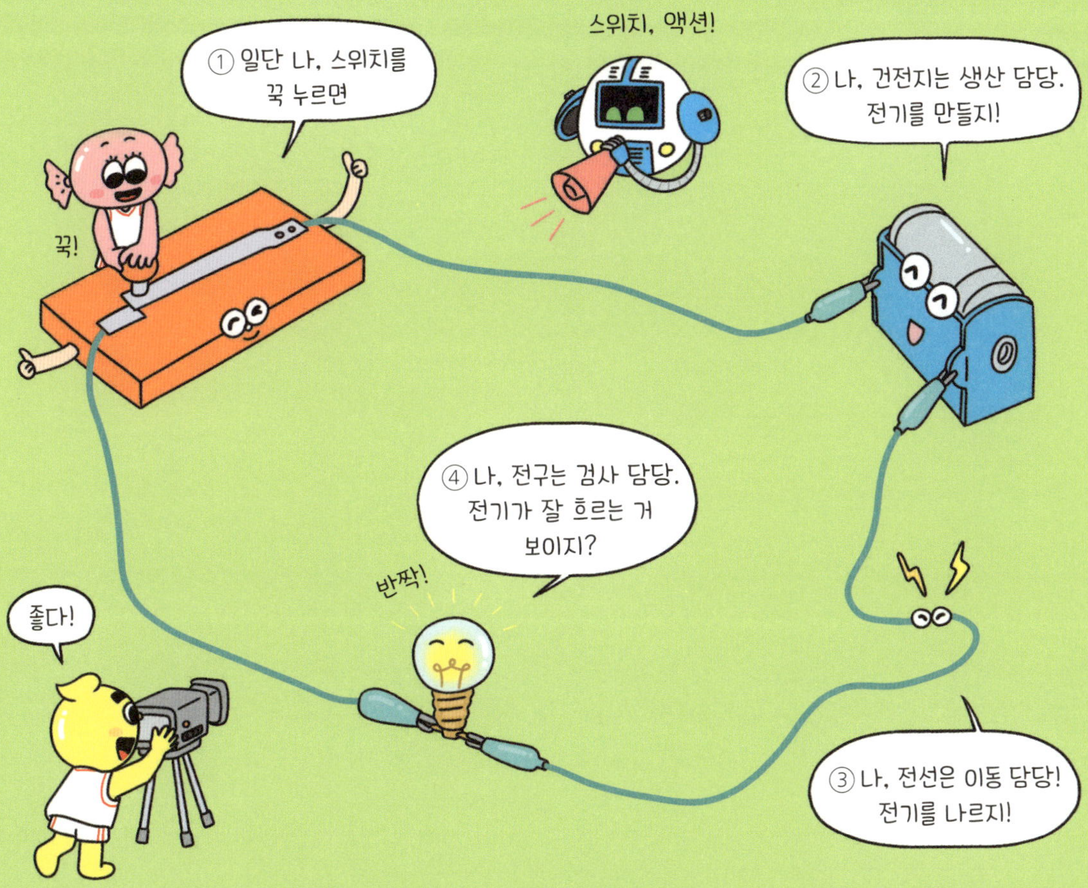

① 일단 나, 스위치를 꾹 누르면

스위치, 액션!

② 나, 건전지는 생산 담당. 전기를 만들지!

꾹!

④ 나, 전구는 검사 담당. 전기가 잘 흐르는 거 보이지?

반짝!

좋다!

③ 나, 전선은 이동 담당! 전기를 나르지!

스위치에서 손을 떼면 전기 회로가 끊겨서 전기는 더 이상 흐르지 않아.
그래서 꼭 필요할 때만 전기를 쓸 수 있어. 편리하지?

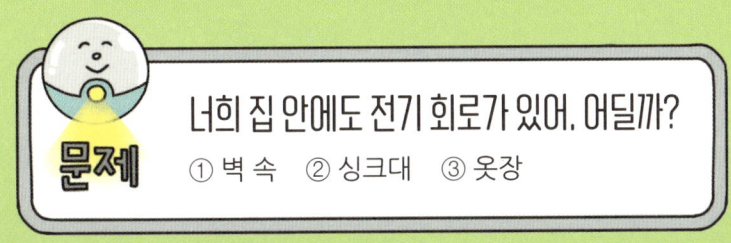

문제 너희 집 안에도 전기 회로가 있어. 어딜까?
① 벽 속 ② 싱크대 ③ 옷장

1 벽 속

너희 집 벽 속에는 전기 회로가 숨겨져 있어.
스위치를 누르면 전기 회로가 연결되어 전선에서 전등으로 전류가 흘러가 환하게 불을 밝히지. 전기 제품을 쓸 때 콘센트에 플러그를 꽂으면 전기가 들어오는 것도, 벽에 숨은 전기 회로와 연결되기 때문이야.

2 힘이 세지라고

개미와 베짱이가 크리스마스 등을 사러 반딧불이 가게를 찾았어.

이처럼 전기 회로는 건전지를 어떻게 연결하느냐에 따라 빛의 밝기와 지속성이 달라져.

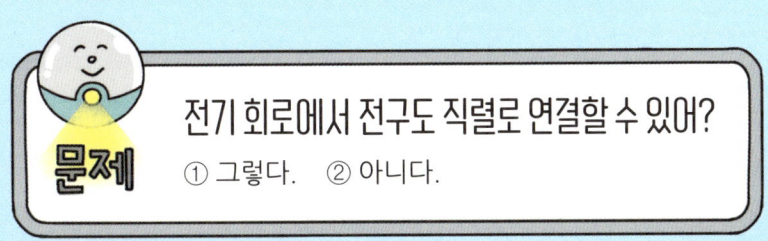

 **그렇다.**

전구도 건전지처럼 직렬, 병렬로 연결할 수 있어.
전구는 직렬보다 병렬로 연결할 때 훨씬 밝아.

전구를 직렬로 연결하면 그중 하나만 고장 나도
나머지 전구에 불이 들어오지 않아.
하지만 병렬로 연결하면 전구 하나가
고장 나도 나머지 전구에 불이 들어와.
그래서 가로등의 전구는
대부분 병렬로 연결해.

얘만 꺼져 있네?

전기는 여러 길로 나눠 갈 수 있당.

저기 빨강, 파랑 막대는 뭐지?

극이 두 개다.

자석이의 펜팔 편지

전기야, 난 자석이야. 나랑 친구 할래?
난 너랑 닮은 데가 많아.
넌 양극과 음극으로 나뉘어 있지?
나도 N극과 S극으로 나뉘어 있어.

나는 힘 쓰는 방식도 너랑 비슷해.
같은 극끼리는 밀어 내고,
다른 극끼리는 서로 끌어당겨.

가까이 오지 마!

왠지 끌려!

내 힘은 철로 된 물건에만 작용해. 이 힘을 '자기'라고 해.
내가 얼마나 힘이 센지 궁금하지?
주위에 철가루를 뿌리면 내 힘을 눈으로 볼 수 있어.
난 멀리 떨어져 있는 철가루까지도 끌어당길 수 있어.

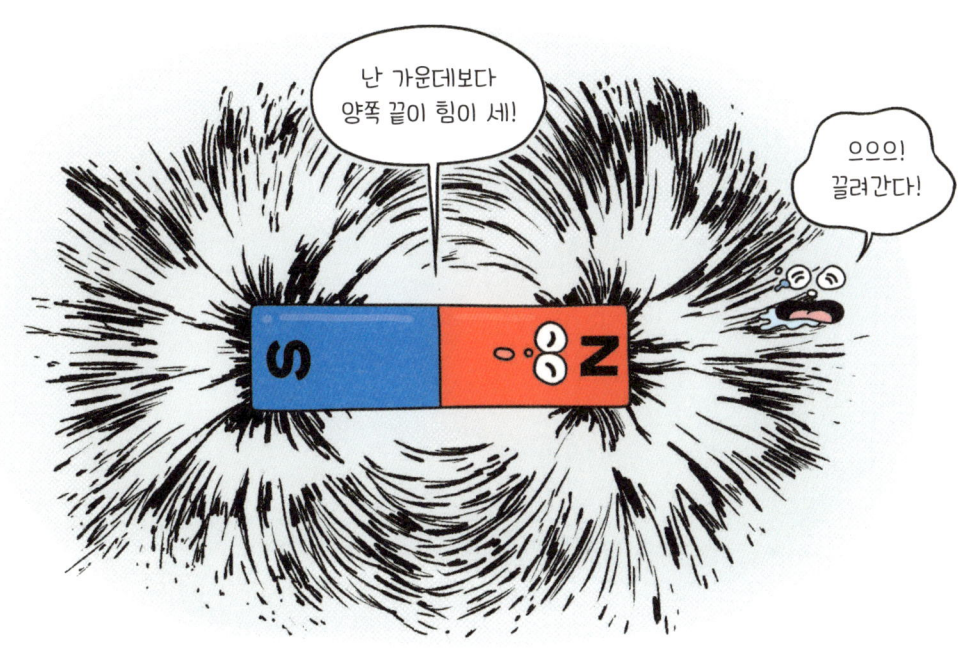

이렇게 내 힘이 뻗치는 공간을 '자기장'이라고 해.
내 힘은 N극에서 나와 S극으로 들어가.
건전지의 전자가 음극에서 나와 양극으로
가는 거랑 비슷하지?
이렇게 너와 닮은 내가 보고 싶으면 답장해 줘.

자석아,
우리 단짝 친구가
될 것 같아.
곧 만나자!
전기가.

자석은 무엇으로 만들까?
① 자철석 ② 자라 ③ 다이아몬드

 **자철석**

전설에 따르면 마그네스라는 양치기 소년이 징을 박은 신발과 쇠붙이를 덧댄 지팡이를 들고 양들을 돌보다 신기한 돌을 발견했대.

자철석으로 만든 자석은 마그네스가 발견해서 마그넷이라고 불려. 요즘 사람들은 자석을 냉장고 문, 철로 된 물건을 끌어 올리는 크레인 등에 사용하고 있어.

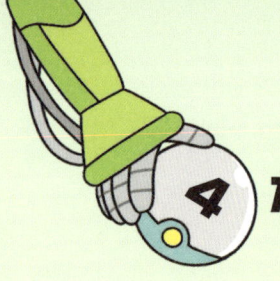

4 자석의 성질을 이용해서

진짜야! 자석은 주위에 자기장을 만들지?
지구도 마찬가지거든. 난 지구 주위의 자기장을
이용해 방향을 찾는단다. 다른 극끼리 서로
끌어당기는 자석의 성질도 이용하지.

찌릿찌릿, 지구는 북쪽이 S극이네.
S극은 N극을 끌어당기니까
빨강 바늘이 북쪽으로 이동!

문제 나처럼 지구 자기장을 이용하는 생물이 있어. 뭘까?
① 멀리 날아가는 철새   ② 지하실에 숨은 바퀴벌레

 **멀리 날아가는 철새**

남극에 가까운 뉴질랜드에서 북극에 가까운 알래스카까지
만 킬로미터가 넘는 거리를 나는 철새는 어떻게 방향을 찾을까?

철새뿐만 아니라 물고기들도 자기장으로 방향을 찾을 수 있어.
사람 몸에도 이런 물질이 있다면, 나침반도 내비게이션도 필요 없겠지?

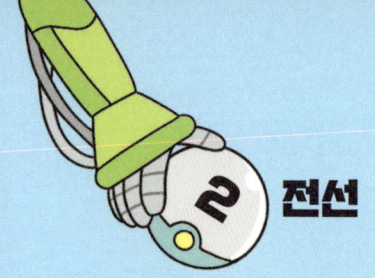

2 전선

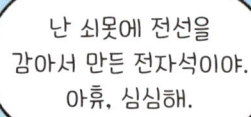

3 자기 부상 열차

자기 부상 열차는 레일 위를 1센티미터쯤 떠서 달리는 열차야.
어떻게 이게 가능한지 설명을 들어 볼래?
방법은 아주 간단해. 열차와 레일에 전자석을 설치하면 끝!

이렇게 떠서 달리면, 소음도 없고 속도도 아주 빨라져.
어때, 신기하지? 전자석은 생각보다
우리 생활에 아주 유용해.

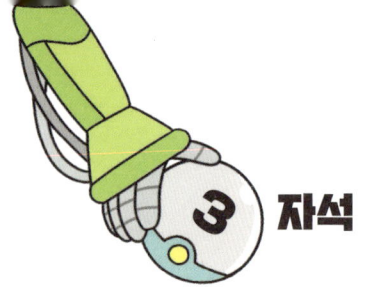

3 자석

전기로 자석을 만들 수 있다고 했지?
그럼 자석으로 전기를 만들 수도 있을까?
당연히 가능해. 아래처럼 코일을 만든 다음,
구멍에 자석을 넣었다 뺐다 반복하면 끝!

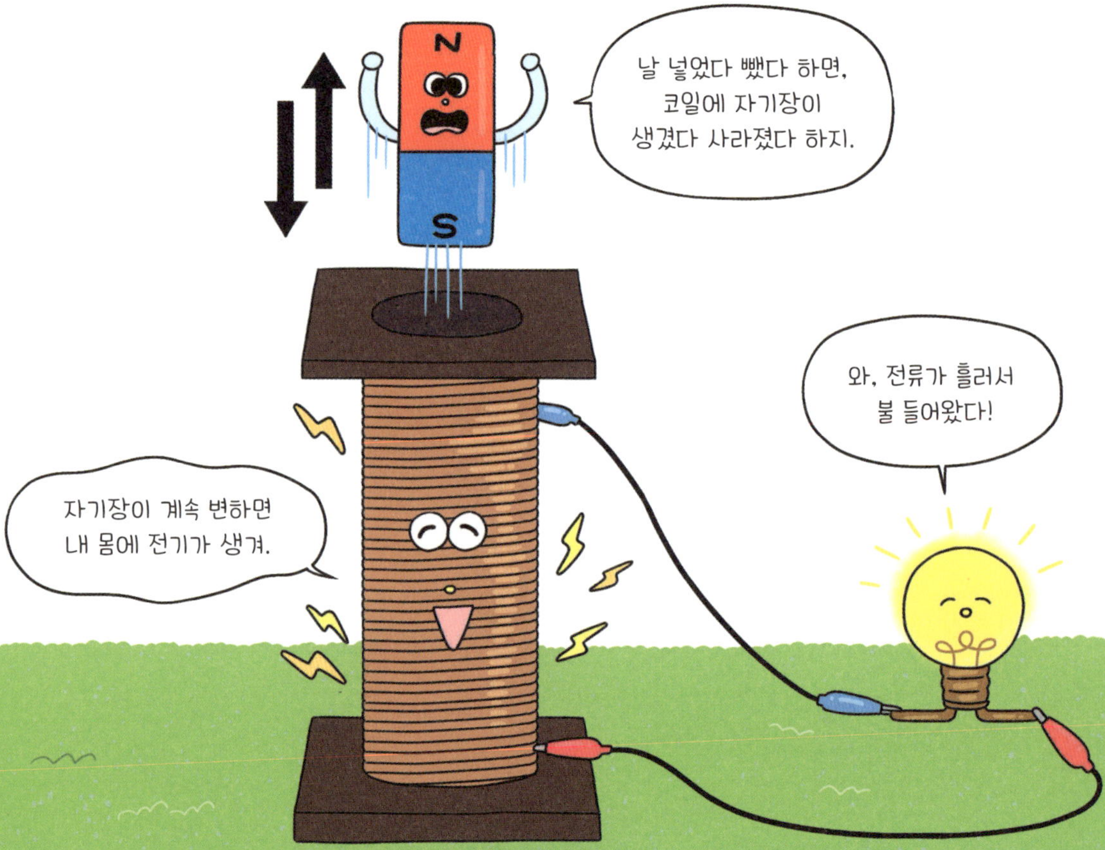

> 날 넣었다 뺐다 하면, 코일에 자기장이 생겼다 사라졌다 하지.

> 자기장이 계속 변하면 내 몸에 전기가 생겨.

> 와, 전류가 흘러서 불 들어왔다!

건전지가 없어도 전선에 전류가 흘러 불이 켜졌어.
이때 흐르는 전류는 자석에 영향을 받았다고 해서 유도 전류라고 해.

나는 바로 이 유도 전류를 이용해서 전기를 만든단다. 바람을 이용하는 풍력 발전기가 어떻게 전기를 만드는지 알려 줄게.

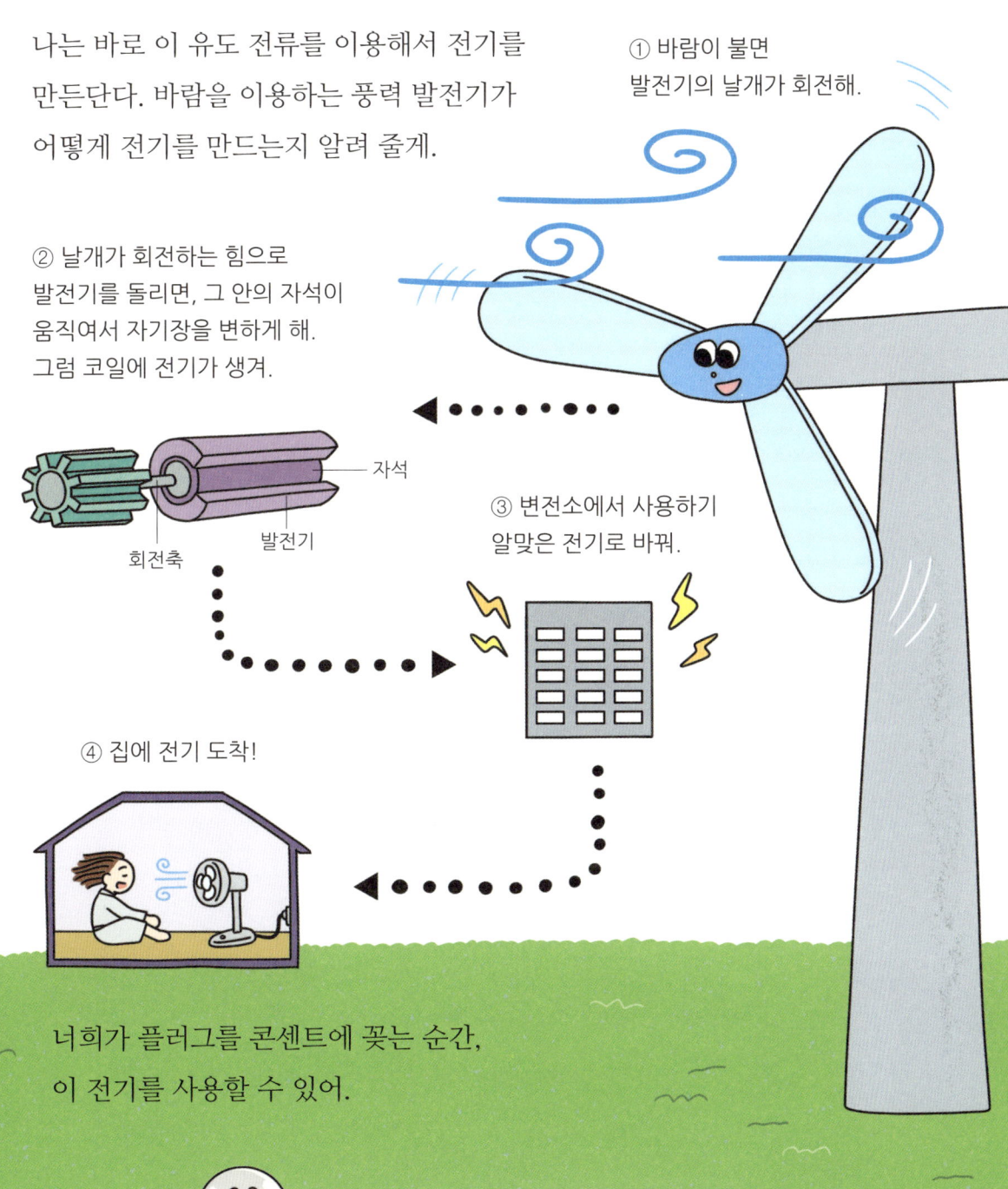

① 바람이 불면 발전기의 날개가 회전해.

② 날개가 회전하는 힘으로 발전기를 돌리면, 그 안의 자석이 움직여서 자기장을 변하게 해. 그럼 코일에 전기가 생겨.

자석
회전축
발전기

③ 변전소에서 사용하기 알맞은 전기로 바꿔.

④ 집에 전기 도착!

너희가 플러그를 콘센트에 꽂는 순간, 이 전기를 사용할 수 있어.

문제 다음 중 유도 전류를 이용한 것은 뭘까?
① 교통 카드 ② 유도복 ③ 유도 질문

교통 카드

버스나 지하철 단말기에 교통 카드를 가까이 갖다 대면,
삑 하는 소리와 함께 요금이 결제돼.
이건 자석과 코일의 합동 작전 덕분이야.

씽씽 달릴 때 빛이 나는 킥보드도 같은 원리야. 바퀴에 든 자석이
뱅뱅 돌면, 자석 주변에 있던 코일에 전류가 흘러 전구를 밝히거든.
이처럼 자석과 전기는 우리 생활을 편리하게 해.

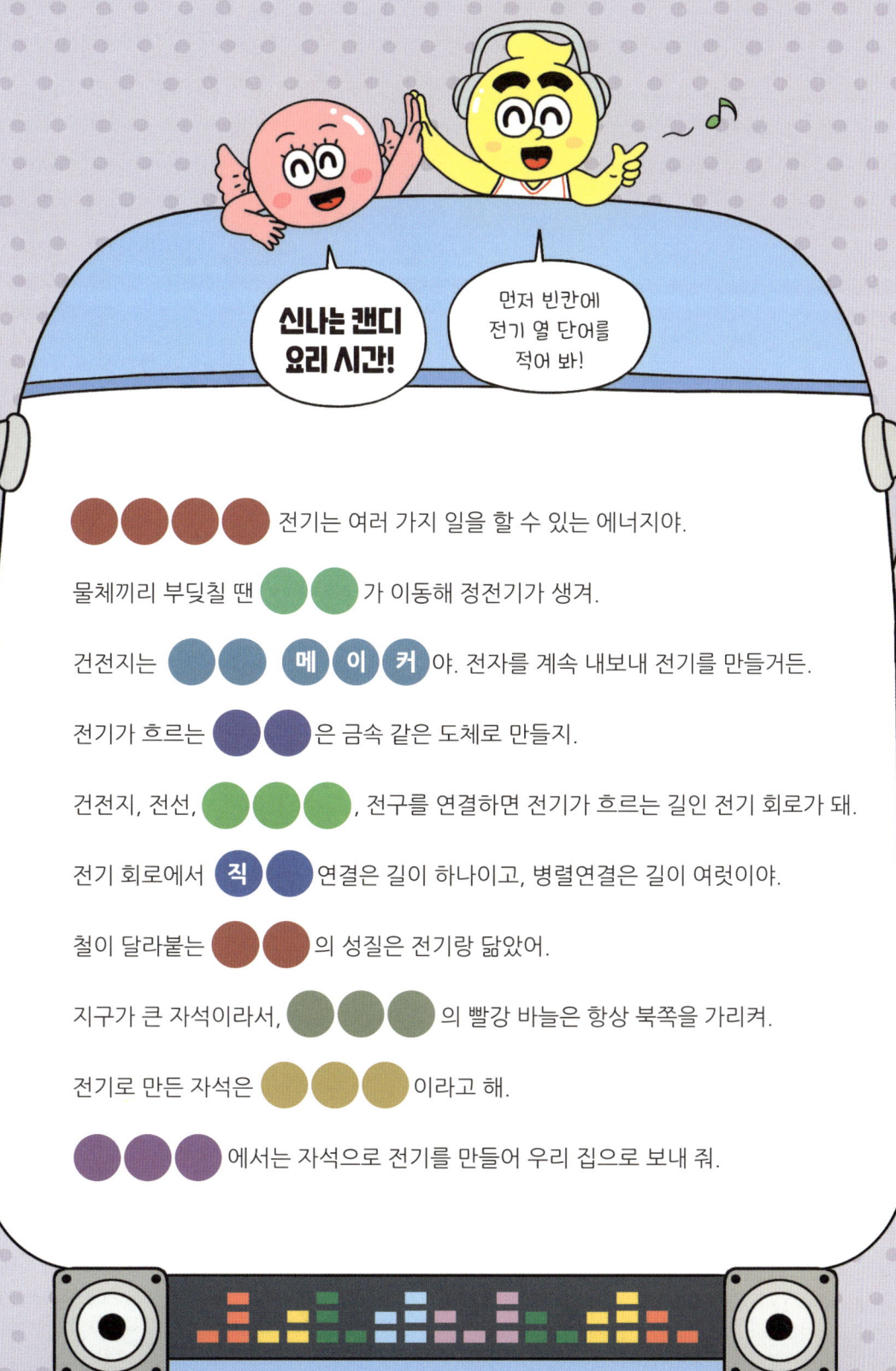